*Vodou, Franc-maçonnerie,
Religions Chrétiennes & Justice Paysanne!*

Vodou, Franc-maçonnerie, Religions Chrétiennes & Justice Paysanne!
Copyright © 2022 by Dr. Harry Hans Francois, PH.D.

All rights reserved. No part of this book may be reproduced in any form or by any electronic or mechanical means, including information storage and retrieval systems, without permission in writing from the publisher and author, except by reviewers, who may quote brief passages in a review.

This publication contains the opinions and ideas of its author. It is intended to provide helpful and informative material on the subjects addressed in the publication. The authors and publisher specifically disclaim all responsibility for any liability, loss, or risk, personal or otherwise, which is incurred as a consequence, directly or indirectly, of the use and application of any of the contents of this book.

ISBN: 978-1-63950-113-7   [Paperback Edition]
        978-1-63950-114-4   [eBook Edition]

Printed and bound in The United States of America.

Writers Apex
Gateway Towards Success

1309 Coffeen Avenue
STE 1200, Sheridan,
Wyoming, 82801 USA
+13179780258
www.writersapex.com

Tous droits de reproduction et/ou de photocopie de ce bouquin sont strictement réservés au FAICCS. Toute institution ou personne désirant des copies doit s'adresser directement au Dr. Harry H. Francois, PhD., LMHC via les coordonnées suivantes: 1. *drfrancoispsychoeducation@yahoo.com*, 2. *floridafaiccs2020@yahoo.com* et 3. *frupoh.universite@gmail.com* ou via ce téléphone: (754) 204 2394

Toute commande de ce bouquin peut être adressée via les coordonnées postées audessus.

VODOU, FRANC-MAÇONNERIE, RELIGIONS CHRÉTIENNES

———— & ————

JUSTICE PAYSANNE!

ECRIT & COMPILÉ PAR

Docteur Harry H. François,
Ph.d., N.d., D.h.m., Cnc., Lmhc

&

Philama Ductan,
Ms., Bs., Ba, T.s., G.m

AU SUJET DE L'AUTEUR

Dr. Harry H. Francois, PhD est né dans le Nord Ouest- d'Haiti, plus précisément dans la ville de Port-de-Paix aux heures de l'angélus des années 50's. Il a vécu là-bas jusqu'à son adolescence.

Ses années printanières dans la ville de Port-au-Prince lui a conduit au lycée Alexandre Pétion et Toussaint Louverture où il a terminé ses études classiques secondaires. Au seuil de l'été de l'année 73, il s'est émigré aux États-Unis d'Amérique, plus précisément au conté de Kings dans l'état de New York.

Son assimilation américaine a débuté au Long Island University dans le conté de Kings pour son initiation en études universitaires de première étape. Addicté aux recherches scientifiques et sciences sociales, il a poursuivi des études graduées en deuxième et troisième étape aux États-Unis.

Ne sentant pas assez imbu ou moulu de certains faits sociaux de la vie courante américaine et haïtienne, Dr. Francois a continué ses recherches en trois (3) autres domaines: 1. La médecine naturopathique et la gestion des hôpitaux et 2. Les inédits ou tabous de la culture et de certaines mythologies haïtiennes, Licencié en santé mentale et en guide de conseil scolaire, il a investi les années de son temps d'adulte dans les dynamiques du rendement de l'éducation dans les états americains suivants: New York Floride et aussi en son terre natale. C'est pourtant ce parcours assez riche en académie et aussi en expériences professionnelles qui lui fournit les droits et privileges de concevoir ce bouquin.

NOTES DE REMERCIEMENTS

Mes sincères sentiments de gratitude et de remerciements vont au Dr. Fritz Guillaume, MD – mon professeur et compagnon de clinique en Haïti. Je serai très ingrat si je ne ferais pas mention de mon épouse, Ruth, qui m'a toujours supporté dans toutes mes aventures durant les dernières 30+ années de vie conjugale.

Aucune terminologie linguistique n'existe encore pour pouvoir exprimer mes sentiments de fraternité, de respect et de professionnalisme envers M. Philama Ductan, M.S., B.S., T.S, G.M! Cet aréopage en franc-maçonnerie qui a pourtant rempli les rôles de tuteur dans la conception de ce bouquin. Un éminent franc-maçon depuis des décennies et un spécialiste en études africaines et du Vodou, les coups d'épaules et leçons qu'il m'a fournis sont vraiment de grande classe et innumérables.

Mil mots de remerciements vont au docteur V. Chadic, Mme Marie Marthe Imbert, M. Antoine Jadotte, M. Freud Francois, Mme Claire Jn Gilles qui m'ont tant inspiré surtout dans le domaine de recherches anthropologiques, socioculturelles, spirituelles dans la conception de ce bouquin. A Melle Maëlie Desrivieres, mon artiste-arrangeuse qui a su comment chorégraphier les quelques images de ce bouquin!

Des expressions très élogieuses vont à mes deux garçons, Junior et Tee, ma fille unique, Princesse Da et surtout à ma petite fleur, Bellita Rosita. Ce quintet d'enfants et de grand enfant qui ne cesse pas de me taquiner et aussi de m'adresser comme modèle de parent haïtien du temps d'hier! Des milliers mots de gratitude vont directement à mes feux parents Manmie Glo et Papi (Esprit Bibi) – ces deux capitaines d'équipe de ma famille et distributeurs de connaissance spirituelle haitiano-africaine qui m'ont enseigné tant de choses sur la culture de mon pays natal. Humm! Les esprits haitiens et africains m'ont été primairement enseigné par Esprit Bibi et mon grand-père paternel, feu Luberice François. Il est dit dans bon nombre de regions du département du Nord - Ouest d'Haïti qu'Esprit Bibi fut bon connaisseur de légendes du vodou haïtien.

Oops! Mes remerciements au docteur-pasteur Jackson Occean qui m'a conçu et dédié ces mots de préface et d'encouragement sans oublier feu Esprit Bibi pour les profondes lectures qu'il m'a données et délivrées sur le vaudou haïtien et africain.

TABLE DES MATIÈRES

Au Sujet de l'auteur 1
Notes de remerciements 2
Préface 6

Chapitre I   Vodou et ses origines 7
Chapitre II   Différences entre le vodou haïtien et
                celui de l'Afrique! 55
Chapitre III   Vodou, Franc-maçonnerie & Pratique des Religions
                Chrétiennes en Haïti! 62
Chapitre IV Racines, Feuilles, Fleurs Utilisées en rendement
                médicinal haïtien! 101

Conclusion 109
Références 111

PRÉFACE

Je suis très ravi et fier de pouvoir écrire la préface de cette anthologie mystique, spirituelle, parapsychologique au nom de mon ancien professeur de psychiatrie, camarade de combat et de militance dans le domaine des sciences sociales et de l'éducation communautaire aux États-Unis.

La spiritualité, étant du domaine de la parapsychologie et de la religion, ne fait pas partie de mes expertises intellectuelles et professionnelles, pourtant c'est avec tous les sentiments de contentement et confrérie professionnelle que je conçoive ces quelques mots au nom de cet auteur. Sincèrement, je me sens être encore en classe, retourné sur les bancs de l'université en révisant le livret de cet auteur.

Ce bouquin n'est autre qu'une sorte d'anthologie en son genre. L'auteur prit son temps de pouvoir incorporer, disserter, bien entendu en son genre à lui, de compiler un peu de philosophie spirituelle occidentale, africaine et surtout haïtienne dans ce bouquin. La Franc-maçonnerie occidentale, haïtienne, les croyances folkloriques d'Haïti et les usages des esprits haïtiens sont tous mélangés ensemble sur un seul podium afin de pouvoir élever la curiosité des autres.

Cependant, la «règle des trois unités» reste en vigueur et est pourtant mise en application dans ce petit bouquin de cinq (5) chapitres. Humm! Tout cela est fait dans l'esprit de pouvoir satisfaire les curieux et les lecteurs de ce bouquin. Dedans, on y trouve même quelques expressions latines. Ci-fait, je souhaite d'ores et déjà une bonne lecture aux fans!

Dr. Jackson Océan, M.D.

CHAPITRE I

Vodou et ses origines

Dans le contexte du vaudou – africain ou haïtien – les loas détiennent l'appellation d'esprits. Ils détiennent des dons spéciaux, mais limitrophes auxquels s'accommodent certains humains par pure obligation, par cupidité ou par curiosité; tout ceci dans le but de parfaire leur connaissance ou de renforcer leur pouvoir ou croyance spirituel.

Apprehendez aussi que ces loas ne soient pas des génies, ni des anges puissants. Les loas sont en effet des esprits de basses astrales. Par voie de conséquences, ils n'ont pas accès au 5ieme élément qui est l'éther.

Les génies du plan astral du Svatika ou de la Croix Gammée sont composés de huit (8) anges qui sont huit (8) milles fois plus puissants que les loas. Ils peuvent intervenir et restent disponibles au temps recherché, en n'importe quel moment, quelle heure, minute, mais indépendamment de la température. En plus de tout cela, **ces génies ne dépendent pas des phases lunaires tandis que les loas sont limités de pouvoir durant les temps de pluie.** Les loas **peuvent même être diminués de puissance en face de certaines personnalités possédant un brillant aura. Les loas ont leurs puissances certes, mais des pouvoirs réglementés ou circonstanciels.**

A noter que les loas et le vaudou tirent leur origine de l'Afrique ancestrale plus précisément du polythéisme Fon et Yorouba pratiqué dans le golfe du Bénin. A cela s'ajoutent des cultes dahoméens et autre curiosités mystiques ramassées lors de la Traite des Nègres (en Europe, Afrique, aux Antilles ou Amériques). On comprend que les Amérindiens, avant Christophe Colomb et les «conquéreurs» qui le suivirent, servaient des dieux, **les Zémès;** d'où **le terme créole «Franc Guinen» (franc généré, franc engendré) qui se réfère au peuple précolombien dont les Ancêtres, les Atlantes (Peuple disparu apres le choc ou la collision de 2 comètes dont des fragments de ces comètes ont frappé et produisirent la disparition des continents Lémure et l'Atlantide).**

A la vérité, plus de quatre vingt quinze percent (95%) de ces histoires vraies démontrant la pratique de l'ésotérisme dans toutes les confréries spirituelles et qui se trouvaient dans la bibliothèque d'Alexandrie, pourtant détruite en Égypte, sont restées cachées. A l'époque des Atlantes les êtres pouvaient être nés d'une seule chair comme Jésus Christ. À cette époque, les femmes pouvaient, après l'ovulation, se féconder elles-mêmes, sans apport de germe mâle extérieur. Cette dite faculté est connue comme «Immaculée Conception ou franche génération» en jargon populaire.

En réalité, **la vraie pratique du Vodou chez les africains et chez l'haïtien d'hier et d'aujourd'hui se fonde sur le prototype d'un comportement ésotérique basé sur la non-violence et le respect des lois de la Nature.**

Autrement interprété, bon nombre de gens non-imbus ou non-informés confondent tout carrément la sorcellerie avec le vodou. Toutefois, on appréhende que ce soit celui qui bénéficie des forces énergétiques, pourtant exercées aux fins bienveillantes qui reçoit la bénédiction en retour. En revanche, c'est cette même personne qui aussi peut témoigner de ses propres expériences. C'est aussi le revers de la médaille qui se produit chez le non-vécu; d'où une sorte d'effet d'Halo.

Prenons par exemple le feu! Son emploi pour cuisiner ou pour réchauffer un foyer froid en hiver, une telle action se fait en bon acte et emploi. Toutefois, si le feu est employé à des fins pyromanes, et malveillantes telles, son auteur alourdit sa pénitence, son KARMA. Ce dernier récoltera tôt ou tard les conséquences néfastes, punitives de son action antérieure. Il en est ainsi en toutes interactions humaines. C'est en effet une loi incontournable de la Mère Nature et du dessein du Grand Créateur.

Philosophiquement parlant, la sorcellerie n'est pas le Vodou bien que la mauvaise utilisation des certains rituels et certaines forces du Vodou puisse avoir des fins néfastes conjoncturelles, néfastes sur l'autre.

Clairement parlé, les loas sont des esprits difficiles à diversifier de nos jours et surtout à dénommer avec précision. Il y a certes de nouveaux loas qui surgissent de temps à autre.

Ces nouveaux loas ont été, surement par souci d'ordre hiérarchique, surnommés «loas créoles ou indigènes» et «loas d'habitation ou domestiques», notamment pour les esprits des ancêtres aussi bien que pour les Gardes (esprits guerriers) nés pour la plupart parmi les marrons de l'esclavage.

Ce sont: **Jean Zenga, Biassou, Charles Belair, Hallalou, Romaine, Mackandal, Makaya, etc.). Ils sont tous des loas qui ont été initiés à Saint-Domingue au temps de la colonie française. Ils ont été utilisés aux fins de communications secrètes entre les esclaves de champ et de maison et surtout sous forme de méditations spirituelles.** Ci-fait, l'esprit de la résistance, de la résilience, de la lutte et de la guérilla restait vivifiant jusqu'au combat final du 18 Novembre de l'année 1803.

On appréhende aussi que **le culte «Makaya» ou culte de Simbi Makaya qui est constitué par une sélection de rites guerriers tirés des éléments et rites Rada (Arada), Pétro, (ou Bizango), Mandengue, Nago, Bambara, Ibo, Peul, Congo; tous venus d'Afrique.** Le «Makaya», à l'opposé du «Guinen», est très expéditif et peu soucieux du respect des lois cosmiques. Il existe historiquement cinq (5) grands moments dans l'évolution du culte Makaya/Bizango en Haïti. Humm! Peu de littérature est aujourd'hui écrite ou publiée sur les Sciences Occultes Mutuelles du vodou mutuelles, leurs fonctions, leurs classifications, aussi bien que sur un mélange de rites (Rada, Pétro, Congo, Nago, Ibo, Zandor, etc.), de motifs (Vèvès) et de symboles kabbalistiques mal utilises qui sont à la fois mi religieuses, mi-animistes et mi-scientifiques.

Ces rites – Rada qui correspond à l'air, Pétro au Feu, Congo à l'Eau; Ibo au Verbe, Nago au Métal, et An-Mine à la planète Terre – sont destinés **à honorer les loas, à les contacter et à les vénérer au cours d'une cérémonie ou rituel de** vodou. L'arrivée d'un Loa au cours de ces cérémonies peut se manifester par la possession d'un sujet, parfois en passant par ses caractéristiques lors d'un choc émotionnel, d'un deuil, d'un incident inattendu et inhabituel, des noces, des danses et des cérémonies présidées par un Hougan ou une Mambo durant lesquelles un /une vodouisant(e) peut passer du normal aux transes.

Le Loa en question peut chevaucher ou visiter son fidèle même durant le sommeil. Il est aussi dit que ces esprits omniprésents et peu puissants puissent contrôler certaines vies humaines, surtout des gens qui sont énergiquement et psychologiquement faibles et croyants. Il y a toujours la requête et le serment d'un pacte verbal de loyauté en routines spirituelles du Vodou en Haïti, d'offrande en échange envers eux. Ces esprits rappellent souvent aux croyants ou serviteurs rappellent que tout Esprit est jaloux, et même Dieu, le Tout-Puissant, le Grand et inaccessible Olohoum détient aussi ses traits de caractère envers tous ses enfants.

En Haïti, **les loas sont souvent sollicités par le commun des mortels – croyants, non-croyants, chrétiens et autres, précisément lors des séances de guérison ou par souci matériel voire des besoins de protection, de justice paysanne et de pouvoir. Des mains invisibles – spécialement celles des Haïtiens éparpillés de la Diaspora, celles du commerce, des politiciens, de la classe aisée et autres – alimentent ces cérémonies et/ou rituels spirituels.**

Humm! Il est dit qu'ADOLF HITLER avait fait utilisation du Svatika ou croix gammée et pratiquait le rituel de la Svatika chaque jour; l'un des plus puissants rituels actuellement de la planète. Ironiquement, le rituel de la Croix Gammée avait bien permis au Reich allemand de pouvoir dominer momentanément tous les points géographiques désirés du globe terrestre qu'il a voulus. Il a dû connaitre en fin de journée le revers de la médaille puisqu'il l'avait utilisée malhonnêtement et méchamment.

Se référant aux loas et esprits haïtiens, quelques experts en domaine de spiritualité arguent que chaque famille haïtienne détienne son propre protecteur ou ses propres loas; qu'elles les servent ou pas. Ce qui provoque souventes fois la pratique des «services», de cérémonies ou d'actions de grâce, pourtant commandités par l'ensemble de la population haïtienne au cours d'une année, surtout au moment des multiples fêtes patronales catholiques du pays. Humm! Il faut servir, remercier et faire des offrandes aux loas de la zone.

Par définition culturelle haïtienne, **les loas haïtiens sont des héritages de l'Afrique – cette pléthore d'esprit de basses astrales aux** quatre éléments (eau, terre, feu, air) – qui correspondent à, entre autres, **Agouet Aroyo (Eau), Erzulie (Terre), Ogou (Feu) et à Nibo (Air).** Des quatre coins cardinaux (**Ouest: eau, le matériel; Nord: terre, la production, la créativité et la survie; le Sud: feu, la consommation et la transmutation; Est: air, le spirituel et la renaissance**). **Ces points cardinaux** sont toujours à leur poste de protection et de combat pour pouvoir accompagner les croyants.

En plus de tout cela, il y a des esprits-loas et des esprits-hommes (loas achetés) auxquels les croyants dédient parfois des oraisons et incantations, des danses et chants de louange et de méditation. Des temples de méditation sont souvent érigés aux fins de prier, demander, vénérer, honorer et aussi remercier ces esprits. Ci-fait, ces rituels sont aussi conçus et effectués sporadiquement dans le but de guider, conseiller, protéger et/ou prédire l'avenir voire pour punir la désobéissance d'un serviteur; **d'où une l'existence ou la nécessité d'une sorte de justice paysanne en Haïti.** Une plainte peut aussi être déposée auprès d'un loa contre un affront fait à un adepte.

Les loas peuvent être associés par déformation du vodou – une coutume pourtant en cours depuis le temps de l'esclavage à Saint-Domingue. Ils sont souvent identifiés ou assimilés aux images des personnages-saints figurés de l'Église Catholique Romaine. C'est ainsi que **Damballah «Arc-en-ciel»** soit représenté **par Moïse**, le **rite Rada Damballah «Le Flambeau»** par **Saint Patrick**, le **rite Pétro, Tokan Aïda Ouèdo le principe féminin de Damballah** par **Notre Dame de l'Immaculée Conception ou Sainte Véronique, Piè (Pierre) Damballah et Piè Dantor** par **Saint Pierre, Gran'n (Grand-mère) Alouba ou Aloumandia** est **identifiée à Sainte Anne, Legba Mèt Kafou (Maitre Carrefour)** par **Saint Lazare, Legba Mèt Pòtay (Maitre Portail)** par **Saint Pierre; Atibon Legba par Saint Antoine (l'Hermite, rite Rada; de Padoue, rite Pétro); Simbie dlo (eau) par Saint Raphaël, Simbi Andeïzo (entre deux eaux) par Saint André, Azaka Médé par Saint Isidore le Laboureur; maîtresse Erzulie Fréda Dahomey par Sainte Rose, Vierge Miracle, Vierge Caridad ou encore Sainte Élisabeth, maîtresse Erzulie Dantor, la Vierge Noire de Pologne, Notre Dame du Mont-Carmel, Notre Dame du Perpétuel Secours ou Notre Dame d'Altagrâce; maîtresse La Sirène par Notre Dame de l'Assomption; Baron Samedi par Saint Martin de Porrès;**

Guédé Nibo par Saint Gérard de Majella; Baron La Croix par Saint François d'Assise, Bossou Trois Cornes par Saint Vincent; Ogou Batallah par Saint Philippe; Ogou Balendjo par Saint Jacques le Majeur; Ogou Ferraille et Shango par Saint Georges; Ogou Badagri par Saint Joseph; Ogou Saint Jean ou Jean Dantor par Saint Jean le Baptiste; Agassou Gnenin; par Saint Augustin. Etc…Saint Nicolas et Sainte Lucie, considérés comme les parents des loas Marassa, par Saint Côme et Saint Damien, les jumeaux monozygotes catholiques.

Les loas sont souvent célébrés au jour d'anniversaire des saints catholiques auxquels ils sont identifiés aux esprits de la zone en question. Ce qui explique une certaine déformation des loas en Haïti. Ce qui crée pourtant la confusion chez certains croyants. Il est dit quelque part que les loas Legba, Ogou et Erzulie sont parmi les loas les plus représentatifs dans les milieux vodouisants et plus utilisés des images catholiques. C'est en effet une espèce de syncrétisme observé, pourtant né dans les «cases nègres» dans le but d'éviter les pressions, punitions du Commandeur ou du Colon et surtout pour pouvoir échapper à la civilisation européenne.

Ainsi, chaque «esprit de l'Afrique fantôme», non oubliée, était représenté par un Saint de l'Église Catholique Romaine, correspondant à son image et à son pouvoir divin. Les esclaves africains, en se prosternant devant une image d'un saint ou d'une sainte, se visualisèrent d'être psychologiquement en cercle de l'Alma Mater; cette Afrique perdue à jamais pourtant gardée secrètement dans leur mémoire. Par voies de conséquences, les loas ou esprits habituellement, surnommés dans certaines dénominations religieuses du Christianisme **«anges déchus»**, existent vraiment dans l'esprit africano-haïtien même s'ils ne peuvent pas le démontrer concrètement ou scientifiquement. Humm! L'ésotérisme reste l'ésotérisme tout comme la méthode scientifique reste idem en son genre.

Chaque peuple donne aux «esprits» les noms qui leur conviennent. Il s'agit tout simplement des mêmes «esprits», mais utilisés sous des appellations différentes. Il existe en Haïti et autres lieux une multitude de loas-esprits, de mythologies qui régissent et épicent la vie au quotidien.

Récapitulation des Esprits ou Loas Célèbres du Vodou Haitien.

Les plus célèbres de loas et divinités en milieu culturel haïtien sont les **Erzulie (Fréda, Dantor, Mapiangueh, Balian, Borang, Taureau, Guétor, Kaoulo, etc.); les Ogou (Batallah «le Patriarche des Ogou», Balendjo, Badagri, Ferraille, Ashadeh, Yamsan, Bacouleh, Shango, Ossangne et consorts); les frères Zaka (Azaka Médé, Limba, Guidi, Guesci); les sept Legba (Legba Avadra, Grand Chemin, Atibon, Kafou, Zanclian, Fleuroundé...); les Simbi ou les Saints de l'eau (Simbi Andeïzo, Simbi Am-po-lha, Simbi Iom-pha-ca); les Marassa (Marassa Dosou, Dosa, Dogué, Marassa Kay, Marassa Bois, Marassa Guinen, Marassa Congo, Marassa Zinsou, Zinse, Marassa Carrefour); les Guédé (Les Guédé «fils légitimes de Baron Samedi», Guédé Nibo, Brave Guédé, Guédé Loray, Guédé Ti-Wawé, Mazaka Lacroix, Guédé Zaryen, les Guédé créoles); les Baron (Baron Samedi, Baron Cimetière, Baron Lacroix) et Grann Brigitte (femme de Baron Samedi); les Pierre (Pierre Damballah, Papa Pierre, Pierre Dambara, Pierre Balawe); Agouet Aroyo et Maîtresse La Sirène (son épouse); Damballah et Aïda Ouèdo (son jumeau).**

Il existe douze (12) importants loas en Haïti. Il y a trois (3) rois principaux nations (Rada, Pétro, Congo) parmi les vingt et un (21) loas qui sont présentés dans le muséum du Panthéon National Haïtien. A savoir **Legba, gardien des barrières,** maitre des carrefours, qui a le pouvoir d'ouvrir les portes de la Connaissance et de la Vérité. Il y a aussi **Erzulie Fréda, fille d'Agoué, symbole de la prospérité, déesse de la passion et de l'amour.** Il y a aussi Erzulie Dantor, esprit de la fertilité, mère Nourricière (Athéna), mais de l'amour aussi (Athor). Puis vint **Ogou-Ferraille: Ogou-Shango,** esprit de la guerre et du fer, esprit du feu, symbole de la virilité; **Cousin Zaka,** esprit protecteur des paysans et des récoltes.

Grandbois est le grand dieu Pan, esprit des bois et forêts. **Simbie** est l'esprit protecteur des magiciens et de tous ceux qui pratiquent l'occultisme. **Marassa symbolise les esprits jumeaux. On lui attribue les rôles de l'enfance du monde. Agouet Aroyo (Agoué) est** le dieu de la mer et des océans, symbole de l'ultime stade de l'initiation sous l'eau.

Damballah est trôné le dieu des dieux – le culte de Damballah, le maitre suprême, détenteur de la Connaissance et de pouvoirs magiques extrêmes dont les symboles sont: 1. le serpent, 2. l'arc-en-ciel et 3. L'éclair. **Aïzan est** l'esprit de l'Initiation et de Pureté qui éclaire les routes des initiés et de l'Astral. Il est vu comme étant le loa exorciseur et purificateur. Il y a ensuite **Baron Samedi qui est surnommé et trôné comme le loa de la divinité de la mort, chef des Guédés, le Maitre des Maitres. Il loge et contrôle les dynamiques diurnes et nocturnes des cimetières en Haïti.**

Bref, ils sont pour la plupart, sinon tous, des loas hermaphrodites ou androgynes (Erzulie, Damballah, Agoué, Simbi, Marassa).

Appellatifs-clés utilisés et entendus dans les milieux vodouisants haïtiens!

Il existe toute une série de noms, surnoms et appellatifs qui sont utilisés dans le jargon du vodou en Haïti. Bon nombre de ces appellatifs ou surnoms ne sont jamais entendus dans le vernaculaire quotidien en Haïti. Il faut être un adepte, initié ou un fanatique pour pouvoir les maitriser dans le sens spirituel.

Oops! Les voici:

Abobo Ayibobo, amen ou ainsi soit-il,

1. **Ago-é,** exaucez-nous,
2. **Assogou comme étant** l'Initié au troisième degré,
3. **Asson (açon),** un rituel composé de vertèbres de couleuvre entrelacées,
4. **Assotor** comme étant Le plus grand des tambours sacrés,
5. **Bagui** ou Badji est l'oratoire (rogatoire) personnel du Hougan, lieu privé et privilégié où logent les esprits,
6. **Bassin Saint Jacques** reste un endroit de pèlerinage où les serviteurs du vaudou se purifient dans un bassin de boue limon de terre,
7. **Boula reste** le plus petit des tambours sacrés de la batterie Rada,
8. **Boulé-Zen** est une cérémonie qui consiste à enflammer l'huile préalablement enduite des vases d'offrandes. Il est aussi une épreuve publique du feu à laquelle sont soumis les initiés,

9. **Canzo (Kanzo)** est l'appellatif d'une personne qui a reçu l'Initiation du vaudou au cours d'une Cérémonie-Canzo. Ces gens-initiés peuvent toucher le feu sans se bruler,

10. **Caprelata se réfère au** «degré ou point» dans le vodou pratiqué au Sud et de la Grande-Anse d'Haïti tels qu'a Port-a-Piment, les Anglais, Port-a- Piment, TIBURON, Belladères, Jérémie etc.,

11. Le terme «**Croix-signer**» est le fait de tracer une croix sur un objet ou sur une personne,

12. Le **Desounen**, tout comme l'excommunication en coutumes catholiques, est une cérémonie de dégradation qui est effectuée aux fins d'enlever les pouvoirs mystiques d'un initié après sa mort,

13. Un **Divinor** est l'équivalent du Hougan (devin) dans le Sud d'Haïti, **Borcor dans le Nord Ouest d'Haïti,**

14. Le **Djèvo (Guévo)**: Cellule initiatique, une des dépendances du sanctuaire vaudou,

15. **Garde s'identifie comme une** sorte de talisman au pouvoir magique que portent les vodouisants. Un autre appellatif du jargon «Garde» est aussi des esprits-hommes,

16. **Govi** est une cruche rituelle de laquelle on peut entendre la voix des esprits. Ainsi vu, les loas sont souventes fois invités à y descendre,

17. **Guignon est** une sorte de malédiction, un anathème ou un mauvais sort jeté sur quelqu'un. Il se fait sur une demande spéciale de vengeance ou de justice sociale malveillante,

18. **Hougan est** vu comme un prêtre du vaudou, un connaisseur ou voyant. Dépendamment des besoins de l'intéressé ou de la zone, il est aussi surnommé «Divinor», «Borcor»,

19. Le «**Hounfort**» ou temple du vaudou est une sorte de couvent. Dans cette sorte de vicinité, l'intéressé est introduit à maitriser les divinités africaines, égyptiennes et haïtiennes,

20. Le **Houguenikon** dirige le chœur de la société des hounsis dans le Hounfort. C'est aussi lui ou elle qui choisit, envoie et se

charge des chants qui provoquent l'atterrissage des loas ou esprits. Houngnor: Nouveaux initiés,

21. Le (la) **Hounsi** est la servante du temple. Toujours vêtu de blanc, il/elle assiste le Houngan ou la Mambo dans toutes les cérémonies atténuantes. Il/Elle chante également, exécute des danses rituelles et orchestre de frappes de tambours qui sont eux-mêmes des loas pour pouvoir invoquer les esprits. Ce sont souvent des femmes initiées. Il existe des différents types de Hounsi. La «bossale» est **l'initié au premier degré.** Le **Hounsi «kanzo»** reste **l'initié au second degré.** L'**Ifé** est Quartier général des esprits

22. Une **Lampe** vodouisante est une technique utilisée en magie de feu afin de canaliser l'énergie des forces suprêmes de création maléfiques ou bénéfiques pour la réalisation d'un vœu. On en distingue différents types: a. **La lampe de chance (ou de travail)**, b. **La lampe de charmes**, c. **La lampe d'expédition à caractère désastreux et maléfique** et d. **La Lampe éternelle** qui est l'équivalent culturel vodouesque de la lampe du sanctuaire. Elle repose au milieu du rogatoire,

23. **Loas Congo** sont les trois femmes d'Égypte,

24. Un **Péristyle** est une grande salle qui prolonge le sanctuaire vaudou, réservé aux cérémonies et danses publiques, et

25. **Père-savane** reste ce personnage très populaire d'une zone qui émule la conduite et les responsabilités d'un prêtre catholique. Il représente officieusement ce dernier dans les campagnes haïtiennes.

LA VALEUR SYMBOLIQUE DES IMAGES des Esprits du Vodou!

Dans le seul désir de plaire au Colon (de l'époque des Colonies), la matérialisation de l'Ange ou des loas qui se fait, depuis l'esclavage, par la représentation des images de saintes catholiques – une supercherie du genre fondé. Le fait de donner à chaque «Esprit ou dieu» l'image catholique qui lui convient le mieux ne saurait être chimérique. Cette tradition étant restée immuable par-delà les âges, il convient néanmoins voire obligatoire de les baptiser sous un nom fictif avant leurs «entrées» dans la maison des loas ou chez un particulier (oratoire ou rogatoire des loas), et de croire en leurs possibilités et en leurs pouvoirs pour qu'ils se manifestent. Si ce n'est pas fait, la personne peut bien porter en elle un esprit, mais en vain. Voici en résumé ce que représente chaque Saint catholique pour chaque loa correspondant:

1. **Saint-Patrick** (Damballah) est vu comme le Vieillard pointant du doigt et donnant l'ordre aux serpents (de la main droite), et sceptre à la main gauche,
2. **Saint-Ulrick** (Agouet Aroyo ou Agoué) reste le Vieillard tenant un poisson de la main droite, un livre et un sceptre de la main gauche,
3. **Mater Dolorosa** (Fréda) est cette Femme couverte d'or et de bijoux,
4. **Sainte-Philomène** (Filomise) est vu Une femme en prison, fleur à la main,
5. **Saint-Lazare** (Maitre GrandChemin) est le Vieillard retrouvé sur une route, souvent accompagné de trois chiens,
6. **Saint-Jacques Le Majeur** (Ogou) reste cet Homme à cheval blanc, en pleine bataille,
7. **Saint-Joseph** (Loko Atissou) est l'Homme portant un enfant de la main gauche et une fleur à la main droite,
8. **Sainte-Claire** (Clermesine) reste cette Femme habillée en nonne, éclairant le monde d'une lanterne,
9. **Saint-Antoine de Padoue** (Legba, rite Pétro) est Homme portant un enfant de la main droite,
10. **Saint-Nicolas** (père des Marassa) est ce Vieillard entouré d'enfants,
11. **Saint-Isidore** (Azaka Médé) est vu comme ce Paysan laboureur agenouillé et en train de prier,
12. **Saint-Pierre** (Legba) est cet Homme qui tient souvent une clef à la main droite et un livre à la main gauche, perché d'un coq rouge,
13. **Saint-André** (Simbi Andeizo, rite Pétro) est cet homme qui porte une croix. On raconte que c'était Lui qui avait aidé Jésus à porter sa croix,

14. **Saint-Paul** (Saint-Expédié) est ce Jeune Soldat qui se présente avec une croix (HODIE) de la main droite et une feuille de rameau à la main gauche,
15. **Sainte-Rose de Lima** (Fréda) reste Femme baisant le pied de l'enfant Jésus,
16. **Jésus-Christ** (Lenglensou) est Jésus (Olofi) crucifié, ensanglanté et couronné d'épines,
17. **Notre Dame du Perpétuel Secours** (Erzulie Dantor) est vue comme une Femme Noire à balafre portant un enfant de la main gauche tandis que l'autre main est placée sur sa poitrine.
18. **Saint-Georges** (Ogou Ferraille ou Ogou Chango) est cet Homme à cheval blanc qui porte une carpe rouge tuant le Dragon,
19. **Saint-Jean Baptiste** (Ogou Saint-Jean) est vu et interprété comme cet Enfant qui est accompagné d'un mouton, sceptre en bois de la main droite.
20. **Santa Barbara** (Erzulie aux yeux rouges) est ce Jeune Femme couronnée et portant une carpe rouge tout en fixant sa croix,
21. **Saint-Martin de Porrès** (Baron Samedi) est ce jeune homme tenant un balai dans la main droite et un crucifix à la main gauche,
22. **Saint-Gérard Majella** (Guédé Nibo) est vu et interprété comme cet Homme habillé de noir tenant une croix à la main droite,
23. **Saint-Côme et Saint-Damien** (Marassa) reste ces deux jumeaux qui fonctionnent ensemble,
24. **Fe, Esperanza et Caridad** (Marassa) sont ce trio de jumeaux,

Le choix d'une icône ou d'un chromo catholique adopté pour représenter un loa ou un Esprit du Vodou ne jouit pas nécessairement d'une telle dévotion en raison des vertus chrétiennes du Saint ou de la Sainte. Cette option est plutôt due à des détails picturaux qui portent le «serviteur» et à déceler des attributs propres à la divinité en question.

Couleurs: stimuli à l'atterrissage des esprits ou des loas dans les cérémonies vodouisantes!

Agou et sa cour par Pierre Augustin © Macondo.
(potomitan.info/kauss/symbolisme.php)

Apprehendez que chez les africains et chez l'haïtien d'hier et d'aujourd'hui, **la vraie pratique du Vodou reste fondée sur le prototype d'un comportement ésotérique basé sur la non-violence et le respect des lois de la Nature. Tout comportement tangentiel à cela est de la sorcellerie.** Il est de croyances spirituelles que **les actions ou démarches exécutées en faveur du bien, de la dextérité reste aussi bénéficiaire aux**

exécuteurs de ces dernières. Fait autrement ou de mauvaises intentions préconçues, c'est le revers de la médaille qui sera récolté. Par voie de conséquences, **tout adepte ou praticien du vodou qui en fait mauvais usage ou emploi maléfique du vodou alourdit son KARMA (loi des causes et effets) et subira les conséquences réciproques. Humm! Tout être humain, qui vit sur cette planète, récolte ce qu'il a semé; le Karma vodouesque.**

C'est une des lois incontournables de la Mère-Nature. Oops! Personne n'est imperméable ni protégé contre cette loi. La sorcellerie n'est pas le vodou. Elle est plutôt l'usage des forces du vodou pouvant avoir des fins banales et/ou punitives, surtout dans le domaine de la recherche de la justice paysanne en Haïti. Les loas sont des esprits difficiles à différencier de nos jours et surtout complexes à dénommer.

Ces nouveaux loas ont été, certainement par souci d'ordre hiérarchique, surnommés **«loas créoles ou indigènes» et «loas d'habitation ou domestiques»**, notamment pour les esprits des ancêtres aussi bien que pour les Gardes (esprits guerriers) nés pour la plupart parmi les marrons de l'esclavage (Jean Zenga, Biassou, Charles Belair, Hallalou, Romaine, Mackandal, Makaya, etc.) que les loas avaient initiés à Saint-Domingue; d'où **le culte «Makaya» ou culte de Simbi Makaya** qui est constitué par une sélection de rites guerriers tirés des éléments et rites Rada (ou Arada), Pétro, Bisago (ou Bizango), Mandengue, Nago, Bambara, Ibo, Peul, Congo… venus d'Afrique. **Le «Makaya», à l'opposé du «Guinen», est très expéditif et, parait-il, peu soucieux du respect des lois cosmiques.**

Il existe historiquement cinq grands moments dans l'évolution du culte Makaya/Bizango en Haïti. Il est dit que les sciences occultes mutuelles du vodou, leurs fonctions, leurs classifications, aussi bien que le mélange de rites (Rada, Pétro, Congo, Nago, Ibo, Zandor, etc.), de motifs (Vèvès) et de symboles kabbalistiques soient tous mal utilisés quotidiennement en Haïiti. **Oops! Le vodou haïtien, selon les recherches informelles de cet auteur, reste à la fois mi religieux, mi-animiste, mystérieux et mi-scientifique.**

Par voie de conséquences, il en existe toute une multitude de rites. **Le rite Rada qui correspond à l'air. Le Pétro qui correspond au Feu.**

Le Congo s'identifie à l'Eau. L'Ibo correspond au Verbe. Le Nago se compare au Métal et An-Mine représente la Terre. Ils sont tous destinés à honorer les loas, à les contacter et à les vénérer au cours d'une cérémonie vodouisante.

L'arrivée d'un loa se manifeste par la possession transitoire d'un sujet en passant par ses caractéristiques lors d'un choc émotionnel, d'un deuil, d'un incident inattendu et inhabituel, des noces, des danses et des cérémonies présidées par un Hougan ou une Mambo.

Le loa peut chevaucher ou visiter son fidèle même durant le sommeil. Ces esprits omniprésents et peu puissants contrôlent des vies humaines des gens énergiquement faibles psychologue ment et intérieurement. Ce qui est souventes fois sollicité en échange du respect et de la loyauté envers eux. Ils rappellent souventes fois aux croyants que tout Esprit ou dieu soit jaloux. En ce sens, même Dieu, le Grand Omniprésent et Omnipotent, le Grand et inaccessible Olohoum, que personne d'ailleurs n'a jamais vu.

En Haïti, **ils sont trop souvent sollicités par des gens en besoin, précisément lors des séances de guérison, par souci matériel ou pour des besoins de protection et de pouvoir.** Ils sont alimentés souvent par la classe politique, les commerçants et le bas peuple. L'homme politique fort, le feu ADOLF HITLER, avait fait utilisation du Svatika ou Croix Gammée et pratiqua quotidiennement ce rituel; probablement l'un des rituels le plus puissant et courant de la planète.

Ces genres de rituel permettent parfois aux adeptes de pouvoir conquérir graduellement tous les points géographiques jusqu'à pouvoir dominer certaines sphères du globe terrestre. A la fin de la journée, ces derniers peuvent récolter le revers de la médaille. Humm! L'épopée spirituelle haïtienne nous fait savoir que chaque famille haïtienne détienne son propre protecteur ou ses propres loas. Ce qui explique un peu la multitude de «services-loas», de cérémonies ou d'actions de grâce commandités annuellement par l'ensemble de la population haïtienne pendant de différentes saisons et surtout pendant les fêtes patronales catholiques.

Les loas sont des héritages d'Afrique que cette panoplie d'esprit de basses astrales aux quatre éléments (eau, terre, feu, air) qui correspondent à, entre autres, Agouet Aroyo (Eau), Erzulie (Terre),

Ogou (Feu) et à Nibo (Air). Les quatre coins cardinaux: 1. Ouest représentant eau, le matériel, 2. Le Nord est symbole de la lumière du soleil {Ex Oriente Lux}, 3. L'intelligence la production, la créativité et de la survie et 3. Le Sud est vu comme le feu, la consommation et la transmutation et l'Est comme l'air, le spirituel et la renaissance. **Ces points restent constamment positionnés à leur poste de protection, d'orientation et de combat.**

La mythologie africano-haïtienne nous rapporte **qu'il y ait des esprits loas-naturels et aussi des esprits hommes (loas achetés) auxquels sont dédiés des oraisons et incantations, des danses et chants, des temples (Hounfort) pour prier et demander, vénérer et honorer.** En effet, ces derniers guident, conseillent, prédisent l'avenir et même punissent la désobéissance d'un serviteur. Par contraste, **une plainte peut aussi être déposée auprès d'un loa contre un affront fait à un adepte.**

Les loas sont associés par une sorte de déformation du vodou; et ceci depuis l'esclavage à Saint-Domingue et le temps du post-1804.

Ils sont souvent identifiés ou assimilés aux images des personnages saints figurés dans les chromos catholiques. **Damballah «Arc-en-ciel»** est représenté par Moïse (rite Rada). Damballah est «Le Flambeau» par Saint Patrick (rite Pétro). **Tokan Aïda Ouèdo** reste le principe féminin de Damballah par Notre Dame de l'Immaculée Conception ou Sainte Véronique. **Piè (Pierre) est Damballah et Piè Dantor par Saint Pierre. Gran'n (Grand-mère), Alouba ou Aloumandia** est identifiée à Sainte Anne. **Legba Mèt Kafou (Maitre Carrefour)** est Saint Lazare. **Legba Mèt Pòtay (Maitre Portail)** est Saint Pierre. **Atibon Legba** est Saint Antoine (l'Hermite, rite Rada) de Padoue est le rite Pétro). **Simbi dlo (eau)** est Saint Raphaël. **Simbi Andeïzo (entre deux eaux)** est Saint André.

Azaka Médé est Saint Isidore le laboureur. **Maîtresse Erzulie Fréda Dahomey** est Sainte Rose. **Vierge Miracle, Vierge Caridad ou encore Sainte Élisabeth** est maîtresse Erzulie Dantor. **La Vierge Noire de Pologne, Notre Dame du Mont-Carmel, Notre Dame du Perpétuel Secours ou Notre Dame d'Altagrâce** est maîtresse La Sirène. **Notre Dame de l'Assomption** (Baron Samedi) est Saint Martin de Porrès. **Guédé Nibo** est Saint Gérard de Majella. **Baron La Croix** est Saint

François d'Assise. **Bossou Trois Cornes** est Saint Vincent. **Ogou Batallah** est Saint Philippe. **Ogou Balendjo** est Saint Jacques le Majeur. **Ogou Ferraille** et **Shango** personnifient Saint Georges. **Ogou Badagri** est Saint Joseph. **Ogou Saint Jean ou Jean Dantor** est Saint Jean le Baptiste. **Agassou Gnenin** est Saint Augustin, etc.

Saint Nicolas et Sainte Lucie, considérés comme les parents des loas Marassa et sont vus comme des saint de l'Église catholique Saint Côme et Saint Damien ou les jumeaux monozygotes catholiques. Les loas sont souvent célébrés au jour d'anniversaire des Saints Catholiques auxquels ils sont identifiés. **Tout cela déforme un peu et rend confus le Vodou haïtien.**

Néanmoins, il est à noter que **les loas Legba, Ogou et Erzulie sont parmi les loas les plus représentatifs dans les chromos populaires des images catholiques.** Cette une sorte de **syncrétisme observé qui avait pris naissance dans les «cases nègres» afin d'éviter, sans nul doute, les foudres du Commandeur ou du Colon qui voulait à tout prix «civiliser» les esclaves**. Chaque «esprit fantôme» de l'Afrique, non oubliée, était représenté par un Saint de l'Église Catholique qui s'identifie et correspond à son image et à son pouvoir divin. Les esclaves africains, en se prosternant devant une image d'un Saint ou d'une Sainte de l'Eglise Catholique Romaine, mentalement se projetaient vers l'Alma Mater, l'Afrique perdue à jamais mais gardée secrètement dans leur mémoire.

Les loas, esprits sont appelés par moquerie dans les dénominations religieuses du christianisme anges déchus qui existent vraiment même si cela ne peut pas être démontré scientifiquement. Il faut toutefois appréhender que certains esprits aient du pouvoir seulement sur les gens qui seraient de construction psychologique faible et frêle. Il est dit que ces gens soient de vibration astrale qui est dépourvue d'énergie cosmique.

Humm! Chaque peuple donne aux «esprits» les noms qui lui conviennent. Il s'agit vraisemblablement des mêmes «esprits» sous des appellations différentes. Il existe en Haïti une multitude de loas qui régit la vie au quotidien. Les **plus célèbres de ces loas et divinités sont les Erzulie (Fréda, Dantor, Mapiangueh, Balian, Borang, Taureau, Guétor, Kaoulo, etc.); les Ogou (Batallah «le Patriarche des Ogou», Balendjo, Badagri, Ferraille, Ashadeh, Yamsan, Bacouleh, Shango, Ossangne et consorts); les frères Zaka (Azaka Médé, Limba, Guidi, Guesci); les sept Legba (Legba Avadra, Grand Chemin, Atibon, Kafou, Zanclian, Fleurounde…); les Simbi ou les Saints de l'eau (Simbi Andeïzo, Simbi Am-po-lha, Simbi Iom-pha-ca), les Marassa (Marassa Dosou, Dosa, Dogué, Marassa Kay, Marassa Bois, Marassa Guinen, Marassa Congo, Marassa Zinsou, Zinse, Marassa Carrefour); les Guédé (Les Guédé «fils légitimes de Baron Samedi», Guédé Nibo,**

Brave Guédé, Guédé Loray, Guédé Ti-Wawé, Mazaka La Croix, Guédé Zaryen, les Guédé créoles), les Baron (Baron Samedi, Baron Cimetière, Baron LaCroix) et Grann Brigitte (femme de Baron Samedi); les Pierre (Pierre Damballah, Papa Pierre, Pierre Dambara, Pierre Balawe); Agouet Aroyo et Maîtresse La Sirène (son épouse); Damballah et Aïda Ouèdo (son double féminin).

Douze importants loas, des trois principales nations (Rada, Pétro, Congo) parmi les vingt et un que l'on connait du Panthéon haïtien, sont ici présentés. Legba, gardien des barrières, maitre des carrefours, qui détient le pouvoir d'ouvrir les portes de la Connaissance et de la Vérité, Erzulie Fréda, fille d'Agoué, symbole de la prospérité, déesse de la passion et de l'amour; Erzulie Dantor, esprit de la fertilité, mère nourricière (Athéna), mais de l'amour aussi (Athor); Ogou-Ferraille: Ogou-Shango, esprit de la guerre et du fer: esprit du feu, symbole de la virilité; Cousin Zaka, esprit protecteur des paysans et des récoltes; GrandBois, le grand dieu Pan, esprit des bois et forêts; Simbie, esprit protecteur des magiciens et de tous ceux qui pratiquent l'occultisme; Marassa, les esprits jumeaux, dont le rôle est l'enfance du monde, Agouet Aroyo (Agoué), dieu de la mer et des océans, symbole de l'ultime stade de

l'initiation sous l'eau; Damballah, le dieu des dieux – le culte de Damballah – , le maitre suprême, détenteur de la Connaissance et de pouvoirs magiques extrêmes – symbole: le serpent, l'arc-en-ciel et l'éclair –; Aïzan, esprit de l'Initiation et de Pureté qui éclaire les routes des initiés et de l'Astral, loa exorciseur et purificateur; Baron Samedi, divinité de la mort, chef des Guédé, le Maitre des maitres, le maitre des cimetières.

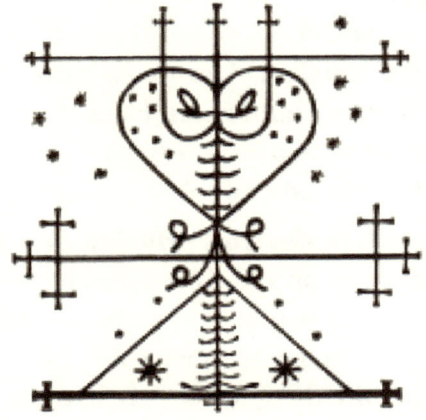

Autres symboles du vodou

Erzulie Freda wall decor from wood, Wooden Art, Hanging Sign, Wiccan Symbol, Pagan, Voodoo

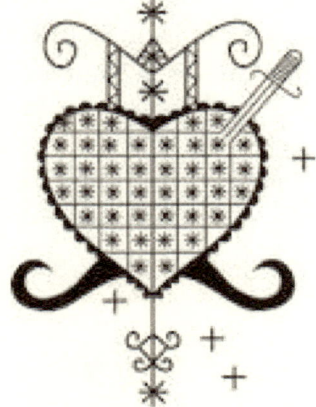

Erzuli Danto vinyl decal

Erzulie Freda

Erzulie Dantor voodoo veve blue vinyl decal

Damballah Veve wall decor from natural wood / Hanger Emblem Amulet Talisman logo / ritual damballa voodoo dantor papa

VODOU, FRANC-MAÇONNERIE, RELIGIONS CHRÉTIENNES & JUSTICE PAYSANNE!

PRIYÈ OGOU | Prayer Ogou Haitian Creole

Erzulie Dantor Veve Sigil Black Madonna Erzili Ezili Danto Sili Danto Sigil Dahomey Gift Velveteen Plush Throw Baby Blanket Tapestry

Vèvè Erzulie Boran or Erzulie Dantor ...

ERZULIE DANTOR- A HAITIAN LOA ...

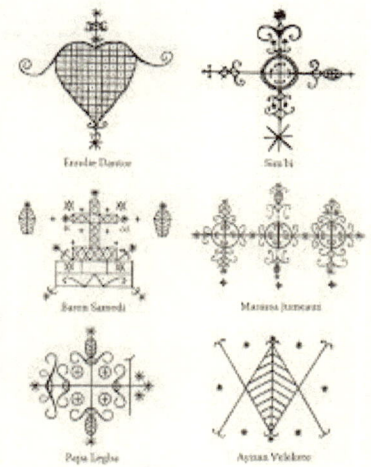

Voodoo Symbols [Vevè Sigils ... magickalspot.com

*Quelques symboles d'***ERZULIE!**

VODOU, FRANC-MAÇONNERIE, RELIGIONS CHRÉTIENNES & JUSTICE PAYSANNE!

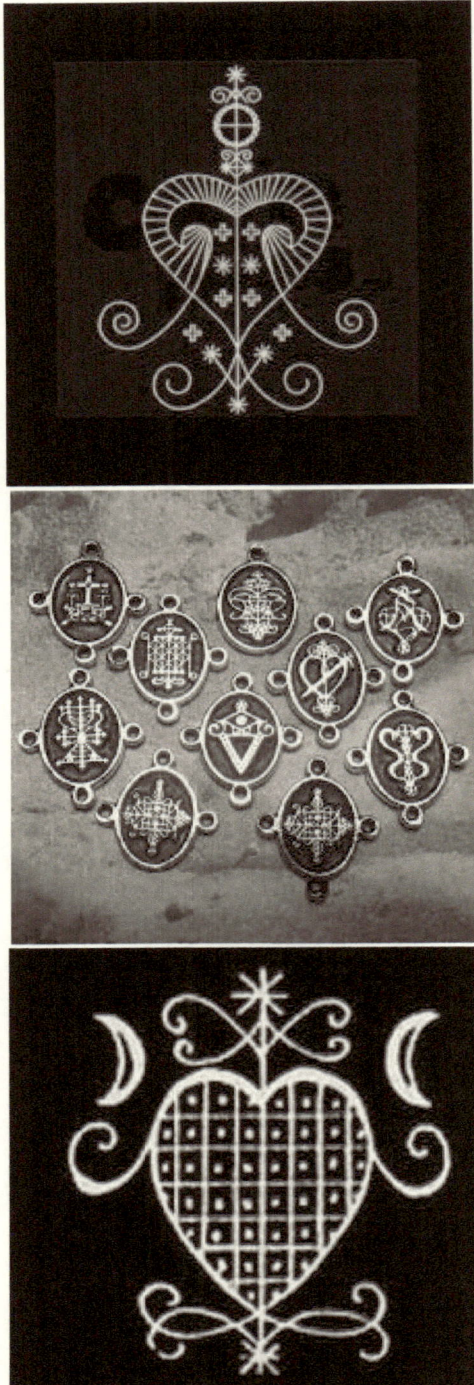

Erzulie, la déesse vaudou de l'amour et ...

Le Vaudou Haïtien: le Vèvè – La Fleur ...

Necklaces & Pendants Erzulie Freda

IPhone XR Veve Erzulie, Voodoo Goddess...

Erzulie, Vèvès, Vodou Haïtien

Les Loas Esprits du Vodou

Haitian art, Voodoo hoodoo...

Voodoo Erzulie Stickers

Few Common Haitian Voodoo Symbols

Veve von Erzulie

Rants from a Chippy Witch

Goddess Erzulie | Journeying to the Goddess

Erzulie | Voodoo

ERZULIE FREDA

Erzulie, la déesse vodou de l'amour et ...

Erzulie

ERZULIE DANTOR / LA PRATIQUE VODOU ...

VODOU, FRANC-MAÇONNERIE, RELIGIONS CHRÉTIENNES & JUSTICE PAYSANNE!

Ritual Symbols of the Voodoo Spirits...

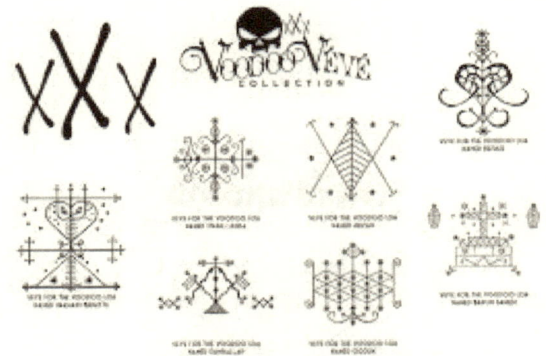

407 Voodoo Spirit Stock Illustrations...

Erzulie

DOCTEUR HARRY H. FRANÇOIS, PH.D., N.D., D.H.M., CNC., LMHC
PHILAMA DUCTAN, MS., BA., GRAND MAITRE, ARÉOPAGE

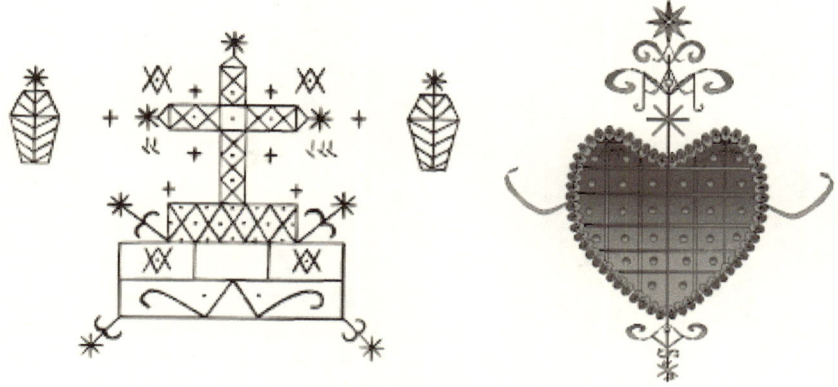

Les Loas Esprits du Vodou

La tradition du vodou et le vodou haïtien

Étude de loa vodou n°4: les Erzulie

VODOU, FRANC-MAÇONNERIE, RELIGIONS CHRÉTIENNES & JUSTICE PAYSANNE!

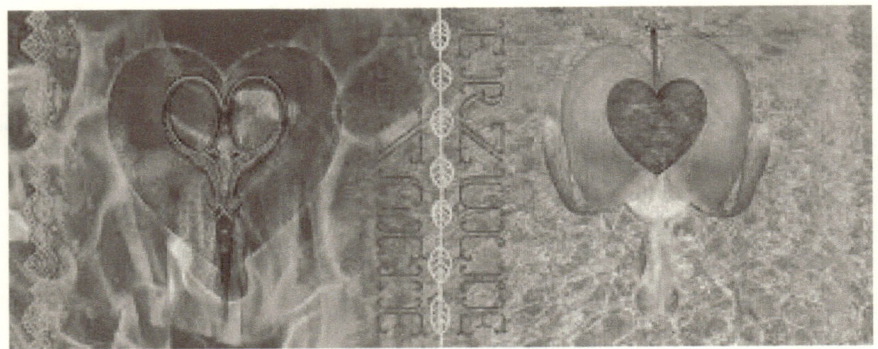

ERZULIE joins the Female Power Project

Lwa | Marcel Gomes

Erzulie Fréda | PDF | Haitian Vodoo

DOCTEUR HARRY H. FRANÇOIS, PH.D., N.D., D.H.M., CNC., LMHC
PHILAMA DUCTAN, MS., BA., GRAND MAITRE, ARÉOPAGE

Voodoo Erzulie Stickers | Redbubble

NEW ORLEANS VOODOO — Erzulie Freda

Necklaces & Pendants Erzulie Freda...

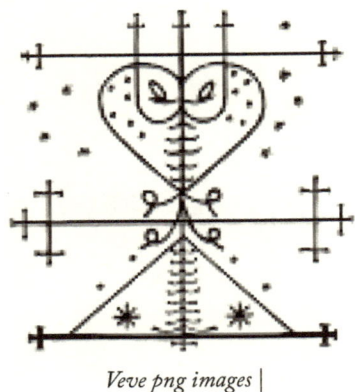
Veve png images |

Veve Stock Illustrations –

Haitian Voodoo Spirit Erzulie Dantor ...

DOCTEUR HARRY H. FRANÇOIS, PH.D., N.D., D.H.M., CNC., LMHC
PHILAMA DUCTAN, MS., BA., GRAND MAITRE, ARÉOPAGE

Vodou Stock Photos, Stock Images and...

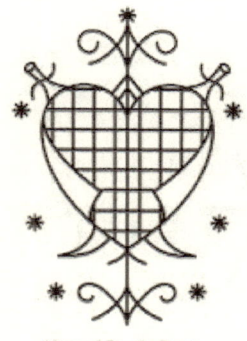

Veve of Erzulie Dantor

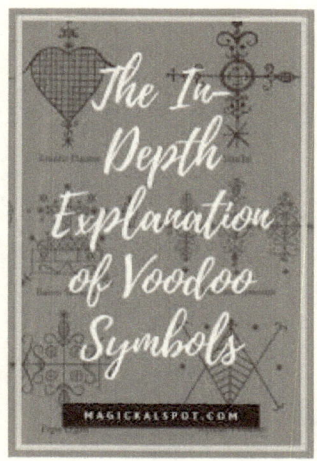

Voodoo Symbols [Vevè Sigils ...
magickalspot.com

VODOU, FRANC-MAÇONNERIE, RELIGIONS CHRÉTIENNES & JUSTICE PAYSANNE!

Eerzulie | Explore Tumblr Posts and...tumgir.com

Haitian Vodoo

ERZULIE FREDA Voodoo Vodou Loa Lwa Veve...

> Love like Freda
> Create like Damballah
> Fight like Ogou
> Communicate like Gede
> Protect like Dantor
> Comfort like Kouzen
> Journey like Legba

Erzulie | Explore Tumblr Posts and...

signsandsymbols.co.uk

Jewelry & Watches Erzulie Freda

VODOU, FRANC-MAÇONNERIE, RELIGIONS CHRÉTIENNES & JUSTICE PAYSANNE!

Ritual Symbols of the Voodoo Spirits...

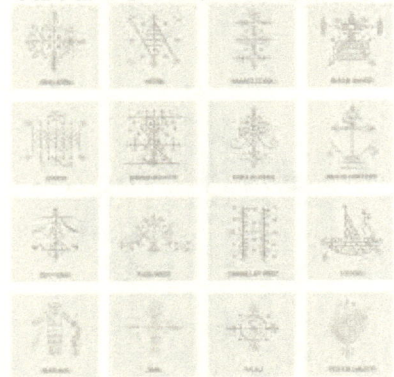

24 Veve Stock Photos, Pictures...

ERZULIE FREDA – THE GODDESS PROJECT...

DOCTEUR HARRY H. FRANÇOIS, PH.D., N.D., D.H.M., CNC., LMHC
PHILAMA DUCTAN, MS., BA., GRAND MAITRE, ARÉOPAGE

Voodoo Erzulie Stickers | Redbubble

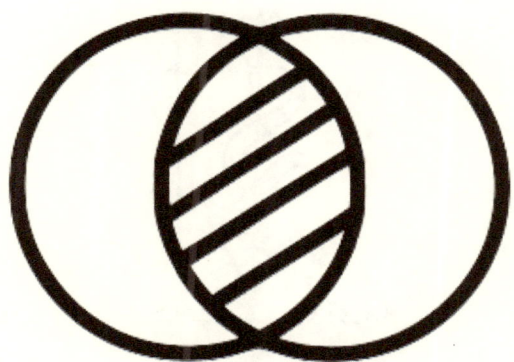

Erzulie png images

The voodoo hoodoo spell book by...

Symbol Veve Voodoo Vector Images (21) | *vectorstock.com*

Vodou Songs in Haitian Creole and English

Les nuits vaudoues

Mythologies vodou: Erzulie

Heart Shape in Open Cage Symbol Freedom...

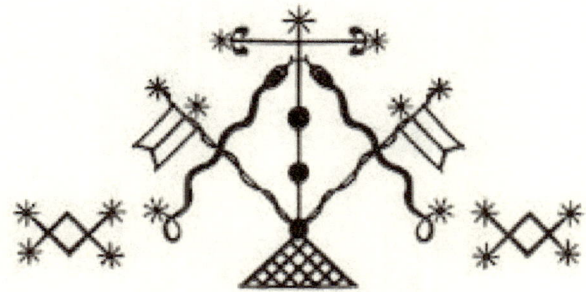

A Guide to Loa, the Voodoo Spirits And...

Moonset Lily's Magical Musings: January

Goddess Erzulie | Journeying to the Goddess

Tree near tiny church...

Vodou d' Erzulie's Vodou | erzulies.com

Loa of Voodoo... - The Conjured Crow... | facebook.com

ERZULIE joins the Female Power Project | ledablack.com

VODOU, FRANC-MAÇONNERIE, RELIGIONS CHRÉTIENNES & JUSTICE PAYSANNE!

Amulette d'Erzulie Dantor - La Porte Du ... | La-porte-du-bonheur.com

Erzulie Freda... | twitter.com

Lwa | Vodou | Britannica

14K Bronze d'Or d'ERZULIE DANTOR Vodou

COULEURS DANS LE VODOU ...

Voodoo – My Altar

VODOU, FRANC-MAÇONNERIE, RELIGIONS CHRÉTIENNES & JUSTICE PAYSANNE!

ERZULIE FREDA! Vodou Loa Lwa Veve...

Voodoo Erzulie

Bijoux & montres d'Erzulie Fréda

Pro Veve Erzulie, Voodoo Goddess...

Erzulie, la déesse vaudou de l'amour et ...

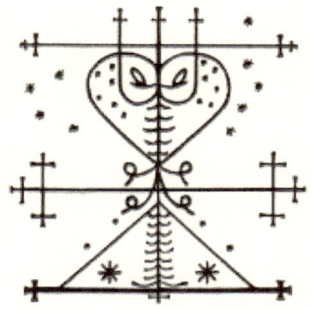

Papa Legba Plaque

A la vérité, ils sont pour la plupart, peut-être tous, des loas hermaphrodites ou androgynes (Erzulie, Damballah, Agoué, Simbie, Marassa).

CHAPITRE II

Différences entre le vodou haïtien et celui de l'Afrique!

Il fait du sens de comparer le vaudou africain avec celui d'Haïti. Il fait aussi du sens de ne pas confondre leurs rituels et surtout leur panthéon de loas ou de dieux. Chacun de ces deux syncrétismes spirituels possèdent leurs valeurs spirituelles, médicinales, parapsychologiques, socioculturelles. Faisons ensemble aujourd'hui une petite course aux pieds joints sur les deux paradigmes spirituels qui composent mystiquement les identités culturelles de ces deux peuples!

Débutons avec le vaudou africain! Le mot **«vaudou»** ou **vodou, vodoun**, viendrait du Yoruba pour désigner un dieu. Le **vaudou** est constitué de tous les esprits et puissances du monde invisible, et de toutes les cérémonies, tous les rituels qui permettent de rentrer en relation et vivre en paix avec le monde spirituel et de l'au-delà. Le vaudou s'apparente à l'**animisme** dont il vénère les forces de la nature. Le **Vaudou** africain a été utilisé comme religion d'état par les rois Fon du **Dahomey** à partir du XVIIème siècle pour unifier dans leur empire les ethnies voisines, principalement les **Yorubas** du Nigéria. Pendant toute la période de la traite des esclaves, les descendants issus de l'ancienne **«côte des esclaves»** ont emmené avec eux la **religion Vodou**, qui aujourd'hui se mélange au catholicisme en Haïti, à la Jamaïque et au Brésil et aussi en Louisiane.

Aujourd'hui, la **religion Vodou** reste très active dans la région du **Bénin** et du **Togo**. Les fétiches tutélaires y sont bien visibles au centre des villages et marchés de la région, particulièrement au célèbre **marché des féticheurs de Lomé**. Là-bas, ils installent tous des étagères ou stands où sont vendus les objets du **culte Vodou Africain**, des bars de fer rituels, des clochettes, ossements animaux, graines et aussi des poudres de nécessite multiple. Le panthéon des dieux du vaudou africain se résume ainsi: 1. **Mawu** est le dieu suprême vaudou, le seul qui ne soit jamais représenté, duquel sont issus et autour duquel s'organisent les autres grands dieux de la nature, 2. **Gu** est le dieu du fer, 3. **Sakpata** le dieu de la terre et de la variole, 3. **Shango**, le dieu du tonnerre et de la fertilité, 4. **Mamiwata** la déesse de l'eau, 5. **Houéli** le protecteur de la maison, 6. **Dan**, le serpent d'Ouidah chez les Fon, 7. **Fa** est le porte-parole des dieux et 8. **Legba** est le serviteur de Fa et l'intermédiaire entre les dieux et les hommes (https://www.africouleur.com/le-culte-vaudou-africain-au-togo-et-au-benin/).

Il ne faut pas confondre les deux hiérarchies spirituelles, celle de l'Afrique et celle d'Haiiti. Lisons de préférence nos trouvailles sur le vodou haïtien! Le **vaudou haïtien** (en français: [vodu], aussi écrit vodou) est une forme de syncrétisme religieux basé sur le vaudou ouest-africain, pratiqué principalement en Haïti et aussi par la Diaspora haïtienne. Les pratiquants sont appelés «vaudouisants» ou «serviteurs des esprits» (*sèvitè en* Créole haïtien).

Tous les vaudouisants croient en un Créateur Suprême Distant, *Bondye* (du français *Bon Dieu*). Selon les praticiens du vodou, Bondye n'intervient pas dans les affaires humaines. Ils dirigent donc leur culte vers les esprits soumis à Bondye, les Loas ou Lwas. Chaque Loa est responsable d'un aspect particulier de la vie sociale. Les personnalités dynamiques et changeantes de chaque Loa reflètent les nombreuses possibilités inhérentes aux aspects de la vie qu'il préside. **Dans la vie quotidienne, les vaudouisants cultivent une relation personnelle avec les Loas à travers des dons d'offrandes, la création d'autels personnels et d'objets de dévotion, et la participation à des cérémonies élaborées de musique, de danse et de possession spirituelle.**

Le vodou est originaire de ce qui est aujourd'hui le Bénin. Il s'est développé au DIX-HUITIÈME siècle (18ieme) dans l'empire colonial français parmi les peuples d'Afrique de l'Ouest, alors réduits en esclavage et contraints de se convertir au christianisme. Les pratiques religieuses du vaudou contemporain sont étroitement liées à celles du vodou ouest-africain, telles que pratiquées par les Fons et les Ewes, même si elles y intègrent des éléments multiples tels qu'un symbolisme issu des Yorubas et Kongos, des croyances religieuses Taïnos, et même des influences spirituelles européennes incluant le catholicisme romain et le mysticisme.

En Haïti, bon nombre de catholiques dévoués combinent des aspects du catholicisme avec des aspects vaudous, une pratique interdite par l'Église Catholique Romaine et dénoncée aussi comme diabolique par les protestants haïtiens (fr.wikipedia.org/wiki/vaudou haïtien).

Apprehendez que le système de Loas Petro ait été originalement procréé en Haïti. Ce dernier incorpore Djambala Wedo, Pompée, Ogumba Limbo, Legba, Simbie en deux Zos, les Guédés, Erzulie et ses multitudes de sous-noms. En un mot, **l'ésotérisme haïtien a été reformulé ou approfondi juste après la victoire de la guerre civile du Nord et du Sud.** Ci-fait, les prêtres du vaudou ont adopté et nommé chaque saint de l'Eglise Catholique Romaine. Par exemple Saint Patrick est devenu Djambala. La mère Immaculée de Marie est devenue Gran'n Erzulie. St Michel était devenu Loas Couzin Zaka, etc.! Que de choses à apprendre!

Différences philosophiques entre un hiérophante, vodouisant, cabale, franc-maçon et pasteur d'église ordinaire haïtien!

Toute une multitude de littérature et de manifestos ont été ecrits sur des sociétés secrètes, religieuses et spirituelles du monde et sur l'esoterisme haitien sans que personne n'arrive pas encore à faire le point de convergence final sur ces nationales ou logiques qui auraient pu justifier ces aspects nécessiteux voire palliatifs à ces fanatiques. Ces cultes, religions ou philosophies spirituelles semblent aujourd'hui plus être psychoaffectives, pensionnaires, diviseurs, sectaires, qu'unitaires à travers le monde. Humm! Qui sont ces hiérophantes, vodouisants, cabales, francs-maçons, pasteurs d'église qui envahissent la vitrine sociale du pays depuis plus d'un siècle?

Un **hiérophante** (du grec ancien ιερός / *hierós*, «sacré», et φαίνω / *phaínô*, «découvrir») est un prêtre qui explique les mystères du sacré. Dans l'Antiquité grecque, le mot désignait plus particulièrement le prêtre qui présidait aux mystères d'Éleusis et instruisait les initiés. Ce titre est aussi employé dans les rites maçonniques égyptiens, notamment dans les rituels de la Grande Loge Française de Memphis et Misraïm, Ordre des Rites Unis restaurés par Garibaldi en 1881. Ce terme est aussi parfois utilisé pour dénommer l'arcane majeur du Pape dans le tarot de Marseille (www.fr.wikipedia.org/wiki/ Hiérophante).

Par contraste, **un vodouisant** reste un personnage qui emprunte des rites au culte animiste du vodou (ou vaudou, ou vodu) (www.net/french-definition-vodou). Dépendamment du personnage en question, les rituels du vodou peuvent être motivés et effectués en raison de la chasse financière ou pour essayer de résoudre des magmas de problème de justice ou de maladie auxquels font face ses croyants ou adeptes.

Le **cabalisme** est peut-être le plus sophistiqué de tous les cultes. Il est sectaire et séculaire comme l'Islam radical. Ces fanatiques, adeptes, initiés ou croyants se croient etre supérieurs des autres. On a obtenu trois définitions simples du jargon «cabale» au cours de nos recherches: **1. Une Tradition Juive touchant l'interprétation de l'Ancien Testament. Les docteurs de la cabale, 2. Une Science prétendue pour pouvoir commercer avec les êtres surnaturels; thématiques de cabale et 3. Les menées secrètes de gens qui s'entendent pour un même dessein.** C'est un homme de cabale (www.littre.org/definition/cabale).

Nos recherches, quoique informelles, nous rapportent qu'il y ait pas mal de sociétés et de rituels cabalistes actuellement en Haiti surtout dans les hauteurs de Pétion - Ville et de Kenscoff. On observe aussi quelques métamorphoses du cabalisme dans des démarches cannibales des gangs-kidnappeurs en Haiti — une façon de démontrer fidélité aux gros capos du mouvement spirituel. Ces fanatiques zélés osent bruler, rôtir, manger des parties spécifiées du corps de leurs victimes, puis se faire filmer pour mieux tragédie leurs forfaits.

La **Franc-maçonnerie** est autre, très différente des autres mouvements! Lisons quelques d'un texte du quotidien le Nouvelliste sur la pratique et rituels de la Franc-maçonnerie haitienne! «L'effritement des valeurs civiques et morales, aboutissant à la disparition du patrimoine historique légué par les ancêtres se veut un constat douloureux pour certains membres de la Franc-maçonnerie haïtienne… Et c'est encore pire lorsque ce sont les citoyens de ce pays meurtri qui, par leur sectarisme et leur égocentrisme, concourent à aggraver sa situation… Si les fondateurs de l'État d'Haïti l'avaient ainsi compris, on se trouverait encore les pieds liés dans les chaines de l'esclavage…

Aussi l'on est en droit de comprendre pourquoi les calamités de toutes sortes se déchainent sur Haïti qui vient d'être confrontée à sa troisième occupation étrangère en moins d'un siècle… Face à ce tableau historique désolant, peut-on accuser les élites qui n'ont pas su jouer leur rôle d'avant-gardiste, en particulier les francs-maçons haïtiens qui n'ont pas suivi le caractère humaniste de leurs prédécesseurs qui ont joué un rôle prépondérant dans l'histoire du monde?...

Le rôle de la Franc-maçonnerie haïtienne face aux problèmes auxquels est confrontée Haïti, reste un recours moral et spirituel. On doit élucider ces problèmes qui sont d'ordre: a) spirituel b) politique c) culturel d) économique et social. Avant d'envisager le rôle-phare proprement dit que la franc-maçonnerie devait jouer par rapport à la franc-maçonnerie des autres horizons ou d'outre-mer (https://www.le nouvelliste.com/article/49032/role-de-la-francmaconnerie-en-haiiti).

Oops! L'invasion de l'évangélisation massive des pasteurs d'église protestante n'est pas un mouvement spontané ni nouvelle en Haiti. Elle est principalement expliquée et supportée par deux grands faits culturels: **1. Le piédestal accordé au Créole haïtien et 2. Le modèle d'agrémentation rase du Ministère des Cultes qui ne réclame aucun training académique aux postulants.** Leurs actions de terrorisme verbal dans leur voisinage semblent plus blessantes, guerrières, bruyantes, intimidantes, démagogiques, thérapeutiques, divisives qu'unitaires. Pas trop de notes positives peuvent être dises ou écrites sur le Nouveau Protestantisme Haitien. Vivons pour voir!

Voilà en gros quelques différences philosophiques entre un hiérophante, cabaliste, vodouisant, un franc-maçon et un pasteur d'église en culture haitienne contemporaine! Notre boulot est de ne pas en déduire surtout en absence d'évidences prouvées, mais plutôt d'encourager à enquêter sur nos questions de thèse. Toujours est-il que certaines vérités doivent être aujourd'hui révélées; ce pour pouvoir mieux éduquer les jeunes du pays sur le passé tant glorieux de ce pays.

Sorcellerie: magie blanche occidentale, magie noire afro-égyptienne!

La sorcellerie, quelque soit le type ou l'ethnicité, reste une pratique magique à intention malfaisante, nuisible qui utilise toute une série de rituels, d'exorcismes et se sacrifices en vue d'envouter ses adeptes ou fidèles.

On rapporte que la sorcellerie se veut être soit indépendante, supérieure ou tangentielle aux lois naturelles. Elle utilise des moyens ou rituels codés, spécifiques à chaque mythologie culturelle afin de se distinguer et, en même temps, d'attirer les croyants. Elle met en actes, comme dans les contes de fée, certains mécanismes dans des relations intersubjectives.

Il y a toutefois un jeu de définitions qui existe entre le terme «magie et sorcellerie». Ordinairement, **la sorcellerie est présentée dans bon nombre de dictionnaires comme l'une des branches de la magie se confondant pourtant avec la «magie noire afro-égyptienne ou avec la magie rouge sanglante» et s'opposant à la «magie blanche», soi-disant bénéfique ou moins sacrificielle.**

On note aussi l'existence d'une magie associée à la religion, l'animisme ou au vodou. Cette forme de magie reste associée aux rituels de la théurgie ou de la thaumaturgie. Il y a aussi cette magie de «goétie» qui prône des miracles à l'image du temps des miracles de Jésus-Christ – quoique faisant appel aux forces du mal.

Il y a enfin l'occultisme, **le plus populaire de toutes les formes de magie, qui se veut être secrète, ésotérique, réservée à une élite en quête d'un langage commun, d'une utilisation spécifique de nombres et de signes, illicite dans bon nombre de pays étant donné que les adeptes n'obéissent qu'à leurs propres lois et défient les lois sociales.** L'occultisme et ses nombreuses sociétés cabalistiques restent aujourd'hui accessibles qu'après un parcours initiatique et autres secrets rituels.

L'occultisme, selon ses adeptes, **relève d'un savoir sacré et d'un apprentissage alors que la sorcellerie, surtout dans le monde occidental, est simplement définie comme une forme frustre et populaire de la magie, féminine le plus souvent.** Au pouvoir par le savoir sur les mystères, il oppose l'action par le choc, la haine et la volonté de détruire. A savoir qu'il y a tant de paliers à franchir, la sorcellerie oppose le bond et l'accès direct de l'au-delà – tout cela en théorie.

Pourtant, le mot «**sorcellerie**» détient autres dimensions en psychologie occidentale. **Pour bon nombre de cliniciens en santé mentale, la sorcellerie est vue comme un «jeteur de sort», agissant volontairement grâce à un appel lancée aux forces surnaturelles.** «Si le magicien **emploie de «techniques de captation de forces symboliques**, le sorcier **semble se dresser dans une lutte ouverte contre toute rationalité, analogue à sa lutte sociale ou religieuse**. En ce sens, les techniques courantes telles celles qui embrassent la partie pour le tout, prenant le mot pour la chose, maniant paradoxale les images, les mots, les objets tendent à détourner le médiatique pour créer une suggestion totale par l'incompréhensible (Delcambre, E., 1949).

CHAPITRE III

Vodou, Franc-maçonnerie & Pratique des Religions Chrétiennes en Haïti!

Messages télépathiques, angoisses nocturnes, transes et révélations en culture haïtienne contemporaine!

Tant de choses, confusion et surtout du lavage du cerveau sont en cours ces jours-ci sur les termes cités-plus haut, surtout en terre natale! Humm! On ne sait quoi et qui en croire. Il parait que tout évènement naturel, politique et économique, qui se passe actuellement en Haïti, trouve ses explications dans le spiritualisme. Pas beaucoup de gens font les lignes de différences entre la télépathie, les voyages nocturnes et diurnes, les transes et les révélations! Demandons-nous cette question objective suivante: «que sont-ils vraiment et quoi les différencie les uns des autres?

Parlons d'abord de la télépathie ou des messages télépathiques!La télépathie existe-t-elle? On commença à mentionner la télépathie en tant que telle au cours du 20ème siècle. Aucun document ou vestige de l'antiquité ne fait référence à ce phénomène. Une certitude est que depuis que ce thème a vu le jour, il n'a pas cessé de susciter des controverses et des débats. Jusqu'à ce jour où je conçois ce texte, la science a toujours refusé d'accepter que la télépathie soit un phénomène existant. Parallèlement, de nombreux témoignages continuent d'apparaitre sur des expériences télépathiques.

La **télépathie** se définit comme **la transmission de la pensée à distance sans qu'intervienne la technologie pour favoriser cette communication. Elle est une sorte de «communication sans fil» entre deux cerveaux humains**. Des milliers de personnes disent qu'ils l'ont expérimentée, mais jusque-là, nous n'avons jamais réussi à reproduire ce phénomène en laboratoire *(https://nospensees.fr/la-telepathie-existe-t-elle/)*. En gros, on en déduit que la **télépathie soit la communication entre deux (2) cerveaux humains qui se fait en vue de prévoir certaines choses qui ont surtout rapport aux deux (2) personnes concernées ou connexes.**

Les «**angoisses nocturnes**» se manifestent pendant les divers cycles des rêves nocturnes des êtres humains. Lisons plutôt La crise d'angoisse nocturne, comme la crise d'angoisse diurne, apparait de façon brutale et dure quelques minutes à quelques heures: 1. **Elles surviennent généralement en début de nuit, peu après l'endormissement, 2. La personne ressent une intense peur, l'impression qu'un danger est présent, 3. Des signes physiques s'ajoutent à cette sensation, comme des palpitations, des sueurs, des tremblements, une hyperventilation, une respiration difficile, des douleurs au niveau du thorax, etc. et 4. Ces manifestations augmentent la sensation de peur.**

Par contraste, les **transes** sont d'ordre purement mystique et parapsychologique. **Elles se manifestent sous forme de loas, de transformation en animal pendant que la personne touchée fournisse ou délivre des messages aux gens de son entourage.** Accompagnées souvent du délire trémens, les personnes affectées ou en transe peuvent soudainement insensibles, pourtant supplantées de démence temporaire. Les personnes engagées se servent des boissons alcoolisées pour changer temporairement de dimension; d'où une démence spontanée durant et après cette crise. Certains médicaments neuroniques peuvent aussi provoquer les transes. De nos jours, un diagnostic psycho médical est assigné aux transes même si on prend considération de la culture en question.

Par voies de conséquences, les révélations sont d'ordre spirituel. Elles nous racontent le récit des messages dictés par Dieu directement, via un esprit ou un ange des cieux. Pourtant, les révélations sont devenues courantes, populaires depuis le passage du dernier séisme-tueur en Haïiti, l'officialisation de l'animisme (vodou) et la montée en pompe des églises protestantes chrétiennes, du Créole en Haiti. La combinaison de ces trois objectifs a certainement influencé la montée de ces multiples révélations en Haiti. Tant de soi-disant prophètes et évangélistes protestants dans la vitrine socioreligieuse du pays.

Humm! Tout désastre naturel ou sophisme politico-économique est expliqué ces jours-ci par des révélations provenant de ces démagogues religieux. A noter que la majorité d'entre eux ne détiennent aucune formation professionnelle ni religieuse sérieuse ou solide relatée à la pratique de cette profession. J'en déduis que le Ministère Haïtien des Cultes doive retoucher son processus d'agrémentation aux fins de règlementer cette profession et aussi protéger le public haïtien. Mes mots à moi!

Le Vodou et les autres religions ou sectes exercés en Haïti, pourront-ils aujourd'hui désenculer ou désemballer le pays?

Il est dit quelque part que l'haïtien ordinaire ne soit jamais responsable de ses actes et/ou de ses méfaits. Il blâme toujours les autres. Il se hait l'un, l'autre tout comme il ressente du profond dédain envers ses propres compatriotes, confrères et consœurs. Il est enculé, emballé économiquement et mentalement.

Boukman, Jean Francois, Biassou et autres généraux de l'indépendance avaient pourtant utilisé le Vodou pour pouvoir actualiser le premier janvier de l'année 1804. Ironiquement, quelques années après la Déclaration de l'Indépendance du pays, quelques d'entre eux avaient décidé de se séparer du Vodou qu'ils voyaient comme pourtant comme source de l'oisiveté, de paresse et d'engrais qui encourageait le chômage. Le roi Henri Christophe, Fabre Geffrard et autres l'ont combattu vainement. Le vaudou a perduré et est devenu aujourd'hui une religion comme toutes les autres – un piédestal socioculturel que lui a officiellement fourni le leader lavalassien des années 90's.

Par voies de conséquences, une campagne de sensibilisation en faveur du Vodou et aussi de ces religions chrétiennes voire de l'Islam comme étant les seuls atouts qui peuvent nous désenculer a été entamée depuis lors. Un pays, peut-il etre vraiment désenculé ou désemballé via les religions ou la spiritualité? Henri Christophe et ces autres généraux, avaient-ils raison de combattre le vaudou en Haiti? Pourquoi aujourd'hui, après plus de 200 années d'indépendance et de nation libre les courtiers du Vodou veulent le plaquer au visage de la population haïtienne comme étant une panacée pouvant désenculer le pays de son emballement politico-économique?

Il n'existe pas de réponses scientifiques aux questions citées plus-haut. Toutefois, on essaie de reconnaitre, d'admettre, d'avouer notre africanisme à travers le Vodou tant en couplant les approches scientifiques dans la lutte de développement. Personnellement, j'admets pleinement que c'est par le biais du Vodou que nos aieux aient pu s'inspirer pour pouvoir fomenter le plan de bataille de Vertières qui nous avait conduit au premier janvier de l'année 1804 – une toute première dans les annales historiques du monde.

Avec le temps, le pays n'a pu s'entourer, instaurer ou érecter des infrastructures de développement ou des industries de grande envergure pouvant aider ses citoyens à s'alimenter et/ou prendre soin d'eux-mêmes et de leurs familles; d'où une situation de chômage pérenne dans le pays. C'est peut-être cette situation de chômage pérenne et autres volets de développement tels que le rendement de santé, de la justice sociale et de l'éducation qu'on doit travailler dessus. A me dire que le Vodou, les religions chrétiennes et/ou sectes spirituels puissent nous désenculer aujourd'hui en l'année 2021, je me pouffe de rire jusqu'à l'écoulement de larmes aux yeux. Oops! Si vrai, le Vodou et les autres Religions Chrétiennes auraient pu développer l'Afrique. J'en déduis que nos courtiers politiques et spirituels doivent aujourd'hui mélanger les approches scientifiques et la spiritualité afin de pouvoir faire bouger ou avancer le pays

Transes, Rigidité Cadavérique, Zombification, Délire Mystique, Zoopsie!

Les transes: rituel observé en pratique judéo-chrétienne, psychiatrique, vodouisante et cabalistique.

La recherche de la signification du mot **«transe»** me conduit au dictionnaire Larousse qui me dit les suivants: **«très vive angoisse, état du medium en communication avec les esprits».** Vues aussi ainsi, le Manuel de Diagnostiques et de Statistiques des Maladies Mentales (DSM-I, DSM-II et DSM-III) n'a pas voulu faire cas de divers types de transe. Mises en étude par les experts pendant bien des années, **les transes ont été approuvées et rapportées dans le DSM IV et V comme faisant partie intégrale de la liste de diagnostiques ou d'anomalies clairement supportées par la neurologie, psychologie et la psychiatrie moderne.** A savoir qu'elle peut être contagieuse dépendamment de la méthode appliquée et du milieu spirituo-culturel en question. Pourtant, on les classe comme un phénomène psychobiologique et culturo-spirituel.

Oops! L'idée de concevoir ce texte m'a été inspirée par ces phénomènes de contact observés au Québec, aux États-Unis et surtout ici en Haïti, depuis ma tendre enfance dans les milieux religieux judéo-chrétiens, vodouisants et autres. Oui, ne vous en détrompez pas!Nous, autres haïtiens, sommes fortement mystico-spirituels en terre natale. Et je vous donne quelques exemples de phénomènes transitoires observés chez l'homme haïtien ordinaire: 1. **Les Guèdes observés pendant les journées du 2 novembre en Haïti, 2. Les «li gainyin loas» observés sporadiquement dans nos familles et souventes fois observés chez les houngans, 3. Les transformations en animaux ou en esprits étranges observés en pleine nuit chez les praticiens cabalistiques et les loup-garou ou Shampoels – tous procréés et conçus afin de faire peur et de la méchanceté aux autres, parfois pour impressionner et soutirer du fric chez les croyants, faibles ou adhérents du secte en question.** Pleinement parlé, une pratique ou un rituel animiste des adhérents du pays!Et que disent les sciences médicales et sociales sur les transes?

Jacques Postel et toute une multitude d'experts dans le domaine de la psychiatrie, dans le bouquin de psychiatrie intitulée «Dictionnaire de la Psychiatrie» nous partagent leurs trouvailles sur le terme transes». Ils nous disent ceci, et je les cite fidèlement mots par mots: «**Etat modifié de conscience, caractérisé par une réduction ou la sensibilité aux stimulations, une altération ou même un transitoire du contact avec le milieu extérieur, la substitution de comportements automatiques à une activité volontaire et une fréquente exaltation avec euphorie donnant au sujet l'impression qu'il est transformé hors de lui-même et du monde réel**».

J'argue du même coté que cet état psychique se retrouve souvent et à la fois dans l'hystérie et l'hypnose, quoique manifesté dans une sorte de somnambulisme morphique qui peut etre provoqué par la consommation de l'alcool, de stupéfiants et de toutes autres substances ou toute autre condition mentale préméditée par le croyant ou le sujet en question. Et la manifestation des guèdes, état mental de loas, de psychose ou de névrose observés dans les séances pastorales, jeunes, vodouisantes et autres à travers le pays et aussi à travers les iles des caraïbes, le continent africain et dans quelques pays occidentaux. Point de vous dire que la psychiatrie elle-même utilise cette approche par le biais de l'hypnotisme pour pouvoir mettre certains patients en état de transe; ce pour obtenir la catharsis ou autres informations pertinentes au traitement ciblé.

G. Lapassade, expert en la matière, nous parle de cinq (5) types de transe: **1). La transe neotenique qui peut ou pas se produire chez le nourrisson dans ses moments de détresse (G. Boyesen), 2) La transe exomatique ou expérience de hors-corps (Out of the body-experience) dans laquelle une personne parait percevoir le monde à partir d'une position située hors de son corps physique. Ce serait l'état de quelques chamans, ici de certains prêtres/pasteurs du vaudou et judéo-chrétien et/ou autre praticien cabalistique qui ont pu maitriser ou choisir de mélanger les choses. C'est plutôt connu sous l'appellation de «l'extase» (M. Eliade), 3. La transe onirique ou rêve lucide (F. Van Eeden). C'est l'état ou le «corps de rêve» du sujet devient le «corps astral» en vue de se portraiturer aux yeux de ses adhérents ou sympathisants comme une sorte d'hiérophante (prêtre président aux mystères d'Éleusis) – mythologie très courante dans cet Haïti contemporain surtout sur les hauteurs de la zone métropolitaine de Port-au-Prince, 4. La transe orgasmique qui serait celle de l'état hypnotique et des foules en délire, pourtant décrite par G. Le Bon. W. Reich le recherchait dans ses approches de «psychothérapies bioénergétiques» ainsi que bon nombre de politiciens contemporains haïtiens en font pratique, peut-être sans le savoir.** A noter que le feu Dr. Francois Duvalier et tant d'autres politiciens du post-1986, y étaient et restent encore maitres dans leurs apparitions en public aux masses haïtiennes, et finalement 5. **Les états de mort imminente. R. Moody à bien étudié ces états chez des rescapés ayant connu l'épreuve d'une mort imminente.** Il les rapproche de certaines expériences d'isolement prolongé chez les explorateurs solitaires ou des naufragés ayant survécu seuls pendant une longue période avant d'être secourus.

La plupart du temps, ces états sont directement induits par des suggestions hypnotiques, l'absorption de certaines drogues, de l'alcool ou par la pratique assidue du yoga ou de la méditation zen (Biblio Lapassade, G., 1987, les États modifiés de conscience, Paris, P.U.F; Valla, J.P, 1992, Les états étranges de la Conscience, Paris, P.U.Fet. Voilà en gros le résumé de mes recherches — directes et indirectes — sur cette histoire de transe! «Aucune offense à personne ou sur la personne d'aucune dénomination religieuse ou sectaire d'ici et d'outre-mer», j'argue sincèrement! A savoir que moi aussi, j'ai eu à pratiquer l'hypnose en pratique psychomédicale durant mes deux premières années en pratique externe privée aux États-Unis. J'ai dû le rejeter plus tard en échange d'une «approche plus ou moins intégrée» au profit de mes patients. **Ceci dit, je reste ce fouineur et veux être seulement une sorte de facilitateur de recherche à mes lecteurs. Humm! J'écris ce texte à ces fins.**

La rigor mortis ésotérique ou la zombification en Haïti!

L'ésotérisme haïtien est dit d'être unique en ses façons de créer sa propre rigor mortis. Bons nombres de praticiens du Vodou le font chaque jour et ceci au temps désiré. Oops! Ils tuent ou atrophient momentanément, réveillent leurs victimes, puis les utilisent aux services des autres pendant que le maitre-vodou puisse garder contrôle de ces zombies, si désiré. Ce qui inquiète ou peut-être cause l'unicité chez bons nombres de gens et, en même temps, soucie les observateurs étrangers et les non-initiés du vodou.

Ce qui n'est pas étonnant pour un groupe de chercheurs haïtiens comme Jean Espéca, ce chargé d'affaires de l'Ambassade d'Haïti, qui a été au Bénin en recherche des multiples différences relatant le phénomène de zombification en Haïti. Ce dernier, dit-on, a exprimé sa gratitude à tous les sages et têtes couronnées qui d'une manière ou d'une autre ont aidé les membres de la délégation à trouver des réponses à leurs différentes inquiétudes. **A en croire les explications données par ces derniers, la zombification est une pratique occulte qui consiste à faire revenir un être décédé à la vie après son enterrement.**

Pour **Jean-Marie Salomon**, vice-Sénateur de la République haïtienne, il reste urgent de pouvoir trouver des solutions pour contrer la problématique de la sorcellerie qui devient de plus en plus en récurrente. **«Tant que l'Afrique existera, Haïti ne mourra pas»**, a-t-il laissé entendre pour justifier sa conviction à trouver des solutions auprès du Bénin, terre du Vodoun.

Afin de permettre à l'assistance de mieux cerner ledit problème, ils ont projeté un film intitulé *«The serpent and the rainbow»*, qui signifie en français **«le serpent et l'arc-en-ciel»**. «La Zombification ou la rigor mortis via le vodou: Phénomène abstrait mais réel en Haïti». Le film raconte en effet l'histoire d'un jeune étudiant de l'Université d'Harvard, envoyé en mission par une firme pharmaceutique en Haïti pour percer le mystère de la zombification afin de mettre cette découverte au service de la médecine américaine. Malheureusement, ce jeune étudiant dans sa quête sera confronté à de nombreuses péripéties d'ordre mystique.

Ce long métrage décrit comment des individus mal intentionnés utilisent la magie noire pour contrôler et manipuler les âmes des individus qui ont subi la zombification. Il démontre également la grande différence entre la religion Vodoun et la pratique de la magie noire, encore appelée "sorcellerie". À la suite de la projection du film, **Jean-Renel Sénatus**, membre de la délégation haïtienne, a signifié à l'assistance que la zombification est un phénomène certes abstrait, mais bien réel en Haïti.

Il n'a pas manqué de souligner que ce phénomène dénote de la justice traditionnelle, mais est souvent utilisée à tort pour nuire. Pour lui, l'idéal serait de joindre cette forme de justice à celle moderne, pour rendre équitables les sentences. Tout comme ce dernier, **Dagbo Hounon Hounan 2** de Ouidah, a également fait un commentaire sur le film. Il se réjouit de la fin du film qui selon lui donne raison à la communauté Vodoun, en montrant que le bien triomphe toujours du mal. **Dagbo Hounon Hounan 2** estime que les gens aient tort d'assimiler le Vodou à la sorcellerie.

Tout dit, raconté et observé! On appréhende que le phénomène de zombification reste spécialement unique aux rituels du Vodou haïtien. En ce sens, la zombification servile se fait seulement en Haïti. **La personne, subissant la rigor mortis via le vodou haïtien, reste utile, fonctionne, travaille, performe les ordres de son maitre comme un zombi, muet et sourd. Elle ne se rebelle pas, car elle est contrôlée par le maitre-vodou.**

Le poisson «foufou» – en ajout avec une composition de feuilles secrètes et des astuces magiques – restent encore la composition associée au phénomène de la zombification. Sitôt enterrée, la mort-victime est déterrée d'une façon incognito de sa tombe. Elle est emportée chez son acheteur ou son colon spirituel pour une infinité de temps. Ce qui ne se pratique pas ni en Afrique ni en dehors d'Haïti. Oops! Les autres curieux, initiés et chercheurs ont beau chercher ce mécanisme unique Haïtien de rigor mortis ou de zombification, mais jusqu'à présent en vain!

Mystical Delirium:
Revelations, Loas or Twilight Epileptic States!

It remains certain that the average contemporary adult has already heard of the term "delirium" and/or about "delirium tremens". Today's topic openly relates some of the clinical signs and cultural symptoms of "mystical delirium"; yet, a taboo topic in many worlds' cultures.

Mystical delirium – depending on gestures, verbal / non-verbal messages and rituals observed, conversations disclosed and shared – can be diagnosed as loas and/or twilight epileptic states even it is revealed or observed during the days. It is a state of delusion with religious themes, often megalomaniac (election and even identification portraying him/herself as being possessed by a spirit or a god) and persecuting (possession or impression of being the object of retribution from anti- religious groups), with hallucinatory paroxysms especially visual which can be confused with true mystical visions.

The dialectic, metalogue or monologue is definitely hallucinatory and predictive similar to the ritual of " Egyptian, African and Voodoo loas" who are often times pictured in ceremonies orchestrated by some priests of voodoo, Army Celeste, Pentecostal group, and/or by those who boast of being carried away by the " Guedes" , often manifested during the eve and day of November 2nd, known as " Feasts of Saints" in many countries of the world as they pretend that these so-called saints live in caves, masts, and muds. Ironically, there are many followers who, at times, smear their body with stinking mud with the hallucinatory thought that they would be protected by these saints or gods of the zone on special occasions. "The saint overruled Saut d'Eau, The Saumatre Lake and many other lakes around the world are mystically said to be blessed by many believers of such cults.

These situations or cases, known for a long time by psychiatry and psychobiology, have been described as "Chronic Systemic Delirium". P. Chadlin has showed the analogy of its evolution with that of "Delirium of persecution comparably to those constantly preached by a multitude of church pastors around the world. But mystical and hallucinatory contacts phenomena also appear in delusional puffs, dreamlike confusions, certain twilight epileptic states and during the processual phases of schizophrenia (comparably to certain sermons, yet, performed by certain Protestant pastors and priests or followers of the Voodoo or Animism.

One apprehend also that the consumption of certain psychotic or neurolyptic drugs such as LSD, MEXICAN ANGEL and some rums or tafias can also cause mystical hallucinatory episodes, which is not to always easy to distinguish from " normal mysticism", although recognized by Christianity. There is indeed a great difficulty sometimes, in the domain of psychiatry, in separating what would be those of the pathological order and those of divine nature or matter.

Clinically observed, the differences between the two (2) cases would not be clinically significant, but rather " culturo-religious, philosophical", which remains anchored in the meaning and function of such existential experiences, phenomena of cultural contacts at the eyes of local folks. And P. Janet, for his part, argued as follows: "religious feelings, when they subsist, remain very easily aroused in mental illness".

Zoopsie: Vision ou transformation hallucinatoire!

Zoopsie est diagnostiquée et expliquée par la vue, l'observation d'une experience hallucinatoire ou de celle d'une vision terrifiante, de phobie de certains animaux comme les couleuvres, boas, lions, jaguars, etc.

Ces genres de vision s'effectuent dans le cerveau des ces mêmes sujets qui souvent sont effrayés des animaux qu'ils voient dans leurs rêves éveillés. Ironiquement, bons nombres de ces sujets embrassent ou adoptent ces mêmes images ou symboles de ces animaux dégoutés dans leur vie réelle quotidienne.

La mythologie africano-haïtienne fait étalage de ces genres d'histoire. Ces gens traumatisés par la vue de ces animaux les adoptent ou les gardent incarcérés dans leur maison dans un espace pourtant méconnue des autres membres de leur famille bien que l'animal choisi reste seulement visible au maitre-propriétaire qu'il le cache ou l'emprisonne dans une chambre de leur maison.

Zoopsie peut être observée comme étant une pathologie mentale telles que les psychoses alcooliques, souventes fois vues dans les rituels de l'animisme ou du Vodou du mal, des séquelles de l'alcoolie, de la cocaïne, de l'opium, du Mexican Angel ou dans la consommation de quelques types de drogue de haute potence prescrites par un médecin quelconque certainement durant des crises d'épisodes aigues ou sous-aigues du délirium trémens.

A noter que durant ces états de faux –rêves et/ou de rêves réveillés, quoique animés d'intensité, des rats, couleuvres, lions, jaguars peuvent apparaitre aux fins de terroriser la victime. Malheureusement, ces sujets-affectés n'anticipent pas ces situations bénignes comme etant nuisibles ou nocifs aux gens de leur entourage. Ils les interprètent comme des faits normaux aux yeux des certains croyants spirituels. Par voies de conséquences, ces phénomènes épiques existent et survivent dans bons nombres de sous-cultures du monde.

Lycanthropie, loup garouisme en Haïti!

La lycanthropie est une forme de démence ou une maladie mentale qui place les personnes affectées dans les souliers ou dans le corps d'un loup. Cette transformation se passe le plus souvent durant les heures de coucher du soleil comme dans les légendes anglaises des films de Dracula. Humm! Il existe aussi dans le jargon des rues un terme colloquial, dérogatoire, abusif du mot «lycanthropie». C'est bien la " zoanthropie" signifiant la métamorphose d'un être humain en un animal choisi.

Quand un sujet se perçoit comme un loup, il se croit aussi d'être égal à un dieu de la forêt – en réalité, un lycanthrope comme le Roi de Babylone Nebuchadezzar. The mot " lycanthrope" s'impose fortement du fait que le jargon "zoanthropie " s'est évanoui des dictionnaires modernes.

Ces deux (2) termes existent encore dans les milieux littéraires occidentaux. **Dans le domaine de la psychopathologie et classification** psychiatrique, la **lycanthropie se définit comme un état de délire de métamorphose rare, mais dans sa pure forme.** On la lie aux travaux cliniques de Cotard où le corps devient mélancolique et se montre en transformation partielle ou total d'un animal. On la trouve en Haïti sous forme de personnes transformées en poule, Bizango, couleuvres, bœufs, chevaux surtout de loups. Il est dit que le sujet affecté choisit toujours sa propre métamorphose bien avant de voler ou d'aller chasser ses proies.

Le cannibalisme et l'allelophagie, sont-ils nouveaux courants en Haïti?

L'**anthropophagie** (du grec ἄνθρωπος / *anthrôpos*, «être humain», et φαγία / *phagía* qui se rapporte à l'action de «consommer») est **une pratique qui consiste à consommer de la chair humaine.** Il s'agit d'une forme de cannibalisme mais qui concerne exclusivement l'espèce humaine. On distingue l'*endocannibalisme* **funéraire** qui consiste à manger les membres de son groupe humain, et l'*ex-cannibalisme* **guerrier** qui consiste à manger des membres d'un autre groupe humain. Faisons-nous un petit voyage aux pieds joints sur les différentes formes de cannibalisme, de l'anthropophagie et de l'allelophagie que le monde ait connu au cours des ans! Débutons avec l'anthropophagie!

Il semble que l'anthropophagie ait été pratiquée dès le Paléolithique. L'histoire nous rapporte que des traces de dépeçage ont été observées sur des ossements humains préhistoriques, mais les indices en question ne sont toutefois pas des preuves d'anthropophagie. Il est en effet souvent difficile de différencier des pratiques funéraires, avec décharnement *post-mortem* des corps, des actions anatomiquement identiques à but anthropophagique (grotte néolithique de Fontbrégoua, à Salernes et de l'Adaouste, près de Jouques en France). Ainsi, dès l'origine, les premiers préhistoriens, comme Édouard Piette qui a étudié les fossiles de Gourdan-Polignan en 1871, puis Gabriel de Mortillet, attribuaient ces marques de dépeçage à des rites funéraires.

L'anthropophagie est considérée comme probable dans certains sites du Paléolithique inférieur comme Gran Dolina à Atapuerca en Espagne ou la Caune de l'Arago en France, du Paléolithique moyen comme la Baume Moula-Guercy à Soyons en France, dans des sites mésolithiques (grotte des Perrats à Agris) et dans des populations plus récentes nord-américaines (site de Mancos dans le Colorado).

Si certaines cultures ont eu des pratiques cannibales socialement instituées, l'anthropophagie occasionnelle en cas de pénurie grave (famine ou de perte des réserves de nourriture sur un bateau) a été une pratique récurrente dans toutes les sociétés. L'anthropophagie comme pratique courante est suggérée par l'équipe du paléoanthropologue José María Bermúdez de Castro qui a réétudié les ossements de la grotte de Gran Dolina.

On y trouve des os portant des traces de découpe faites par des outils en pierre et brisés comme pour en extraire la moelle, ou des crânes avec des marques de décapitation. Tuer des membres jeunes - et donc sans défense - de tribus rivales pour limiter la concurrence sur un même territoire, et consommer leur chair pour satisfaire les besoins en protéines, semblerait une stratégie répandue chez Homo antécesseur.

Des traces de cannibalisme, guerrier ou rituel (la question n'a pas été résolue), ont été mises en évidence à Herxheim (Allemagne) sur un site néolithique de la culture rubanée. Daté de 5.000 ans avant notre ère, le site d'environ cinq hectares, dont seule une moitié a été fouillée entre 1996 et 2008, a livré les restes de cinq cents individus dont les corps ont été démembrés et dont les ossements présentent, entre autres, des «traces de cassures, d'incisions, de raclage, de mâchement» qui évoquent la consommation.

Dans l'antiquité, le monothéisme était en effet marqué par une évolution de leur conception d'un dieu sanguinaire en un dieu juste. Dès lors, le sacrifice d'Isaac ne devient qu'une simple allégorie. Les mythes grecs rapportent de nombreux cas de cannibalisme: Cronos dévorant ses enfants, le Cyclope Polyphème mis en échec par Ulysse, le peuple anthropophage des Lestrygons dont parle l'*Odyssée* où mentionnent Laomédon, le roi de Troie, qui y condamne des jeunes filles, etc.

Certains auteurs racontent que la culture moderne naisse lorsque le cannibalisme cesse, d'où le développement de la notion politique d'allélophagie (anthropophagie des membres de son groupe) qui est progressivement prohibée. Dans ses *Histoires*, Hérodote décrit les traditions funéraires de plusieurs peuples, parmi lesquels les Massagètes, les Padéens, les Issédons, les Scythes et les Thraces, dont certains sont nécrophages et d'autres sacrifient les vieillards et les malades avant de les faire cuire et de les consommer.

On peut considérer qu'il ne s'agit que de symboles, mais il est vraisemblable, comme le pense Robert Graves dans son ouvrage ***Les Mythes grecs***, que ces mythes se référaient aux pratiques archaïques et aux luttes menées par les premiers Grecs contre des peuples anthropophages. De nombreuses pratiques religieuses anciennes comportaient des sacrifices humains suivis de cannibalisme. Les Romains trouvaient des remèdes médicinaux dans les corps humain.

D'après l'***Histoire naturelle*** de Pline l'Ancien. «Les épileptiques boivent le sang des gladiateurs qu'ils regardent comme étant très efficace de pouvoir recueillir sur l'homme même, et de la plaie béante, le sang chaud, fumant. D'autres recherchent la moelle des fémurs et la cervelle des enfants.» (https://fr.wikipedia.org/wiki/Anthropophagie). Que savons-nous du cannibalisme, surtout celui qui semble etre en vogue en dans l'Haiti? Les sociétés cannibales.

L'un des termes qui se sera imposé durant ces dernières semaines sera celui du cannibalisme associé à celui du dépeçage. Cannibalisme en Corée du Nord, en Chine, aux États-Unis, dépeçage des victimes des cartels au Mexique, tueurs en série etc. Au-delà même des sanglants faits divers, c'est le modèle matérialiste né dans la confusion du XIXe siècle qui est en train de se décomposer sous nos yeux. Et la Corse n'échappe pas à cet effondrement généralisé dont l'une des expressions est la violence multiforme.

Les progrès technologiques ont favorisé la croyance en un progrès général de l'humanité. C'était tout d'abord une vision très occidentale de la question. Les Indiens d'Amérique, pratiquement détruits par les colons britanniques avaient légitimement le droit de contester une telle opinion tout comme les Africains surexploités par le colonialisme européen ou encore les Asiatiques poussés par les Grandes nations à trafiquer l'opium et à livrer sans contrepartie leurs productions de matières premières.

Le prix de notre progrès a été celui d'une exploitation d'autres peuples sur d'autres continents. Aujourd'hui l'égoïsme occidental doit laisser la place à un certain partage des richesses et un agrandissement du marché des consommateurs. La terre est devenue un ensemble offert à tous les appétits capitalistiques et tout jusqu'à l'être humain qui devient une marchandise aux yeux des prédateurs capitalistes. La raison d'être du capitalisme est le profit et non le bonheur de l'homme. Le capitaliste vit selon les cycles qui provoquent son affaissement, puis sa régénérescence grâce à des destructions massives provoquées jusqu'alors par des guerres.

On apprehende que les guerres mondiales eussent été le produit et l'outil de ces résurrections tout comme la Renaissance avait influencé les décombres de la Guerre de Cent ans. Les Américains ont alors exporté les conflits à travers le monde et tenter d'en faire en partie payer le prix fort à leurs alliés. Mais cela n'a pas suffi pour régénérer le système cannibale. Les sociétés riches ont donc commencé à s'auto-dévorer à travers toutes les errances possibles: drogues, voyoucratie dominante et misère sociale en partie causée par les délocalisations (http://www.jdcorse.fr/JDC2/les-societes-cannibales).

Par contraste, le cannibalisme qui s'observe actuellement en Haiti est plus complexe qu'on le pense. IL se ressemble plus aux gouts de la chair humaine d'Idi Hamann Dada en Afrique – ce feu président africain qui mangea le corps de ses victimes juste pour son plaisir et sa satiété. Il se rapproche de celui de Jeffrey Damey à Milwaukee. Il est aussi plus proche de l'allelophagie qui se fait par la brulure et la consommation de quelques parties ou membres des victimes par les kidnappeurs. Ce qui peut etre un message politique, pourtant lancé aux hommes cravatés qui contrôlent les divers gangs de kidnapping dans le pays. Enfin, ce cannibalisme haitien me parait être plus anthropophagique du fait que les kidnappeurs mangent ou dévorent une espèce par choix et non pas les membres de leurs propres gangs. C'est plus pareil aux cas de Jeffrey Dammey qui dévora que des jeunes non-émancipés qu'il captura et garda en otage chez lui avant qu'il en fasse un bouillon humain.

Humm! L'actuel cannibalisme haitien semble avoir été prêché par quelques courtiers-cannibales à cravate avant qu'il s'éparpille dans les ghettos du pays. Certains critiques arguent que c'est pourtant notre soudaine attraction envers certains rituels de l'animisme qui inspire cette forme de cannibalisme aux kidnappeurs des ghettos. A savoir que certains hougans haitiens avaient l'habitude de tuer leurs victimes pour les mettre au service de leurs propriétaires, mais la brulure et la consommation des organes du corps humain n'était pas de mode. La voix populaire nous rapporte que les kidnappeurs soient en train de soumettre aux expectations requises de leurs chefs, pourtant des gens bien encadrés financièrement et politiquement dans cette société. Là encore, c'est l'histoire qui va plus tard nous fournir des explications sur ce tout nouveau style de criminalité en terre natale. Mes observations à moi!

Fratricidie, banditisme cabalo-cannibalisé en terre natale!

Il y a de ces terminologies, trouvées dans un texte, qui nous permettent de les utiliser dans nos œuvres écrites ou littéraires tout en les rendant nôtres. Ces terminologies sont non seulement inédites, mais encore introuvables dans le dictionnaire Larousse, Petit Robert, Miriam-Webster et autres. Ces terminologies ou mots composés restent pourtant permis et souvent appartiennent aux poètes, musiciens-chanteurs et autres experts des domaines scientifiques pratiqués. Par voie de conséquences, cette forme de liberté de création linguistique et d'expression musicale, littéraire se trouve dans les œuvres de Carl Popper, Platon, Lamartine, Voltaire, S. Freud, Rousseau, Carl Rogers, Pablo Neruda, Shakespeare, Hemingway, Charles Aznavour, Johnny Hallyday, Michael Jackson, Gérard Dupervil, languichatte Debordus, Shoubou, Sweet Micky, Jean Elie Telfort dit Cubano pour ne citer que ceux-là.

La création du terme «cabalo-cannisbaliste», notée dans ce texte, est un Harryisme. Il reste tout de même emprunté ou composé de deux (2) étymologies: 1. Cabal et 2. Cannibalisme dont je vais vous partager leur sens sociologique et littéraire. Bien avant d'entamer mon exposé, j'ose arguer que l'haitien ordinaire reste l'une des espèces les plus rares et défiantes du monde noir. Cela aurait signifié qu'il fasse toujours des choses exceptionnelles souventes fois meme au détriment de ses confrères, consœurs et/ou de sa communaute. Historiquement observé, il détient encore une performance inégalée aux yeux du monde. Constamment emballé et abusé par ses leaders, il combat – et ceci en permanence – au nom de sa pauvreté, son ethnicité, sa quête de liberté et de sa spiritualité africano-égyptienne dont il se vante d'être pourtant fier. En plus de tout cela, il s'engage dans des luttes fratricides à la recherche du pouvoir politique.

Tous ces qualificatifs, mis sous un horoscope, lui conduit aujourd'hui et malheureusement aux actes de canibalo-fratricidie actuelle. **Ce jargon est dérivé du mot latin «cadere» signifiant tuer, couper en morceaux votre propre frère ou sœur. Il devient un acte de rituel quand les membres d'un groupe religieux, subalterne d'un gang quelconque brule et consomme des parties d'un corps humain aux fins de faire circuler un message aux observateurs et/ou de pouvoir satisfaire les capitaines de leur équipe.** Faite ainsi, la fratricidie se réduit au cannibalisme. Ce qui est autre forme du cannibalisme parce que les parties du corps ou organes, choisis délibérément pour manger, se servent aux fins de satisfaire des soi-disant dieux ou leurs chefs de gangs voire meme de leur culture de vautour.

C'est exactement ce qu'on observe présentement en terre natale. Les quelques sous-hommes ou primitifs engagés se présentent en plein air, parfois sur les lignes médiatiques afin de se vanter et/ou déclarer leurs derniers forfaits. **Les messages cachés derrière ces genres de forfaits ou actes de banditisme et de terrorisme extrême sont d'ordre sociologique mixte:** politique, spirituel, défiant et financier. Ironiquement, ils ne sont pas nouveaux dans le pays. Paradoxalement, cette pratique ou ce genre d'expression et de gagner de l'argent a été prêchée ouvertement par quelque sociétés mystiques, courtiers politiques et praticiens du cabalisme, de l'animisme depuis les années 90's en terre natale.

Ci-observé et toléré pendant des décennies dans des milieux populeux et huppés du pays, les cabalo-cannibalisés se sont évolués et nous reviennent aujourd'hui pour pouvoir nous réclamer leurs poussins qu'ils avaient laissé derrière dans la cour. Humm! The chickens come back home at the search of her roosters, disait Malcom X (Les mères-poules retournent chez elle en quête de leurs poussins); une expression cynique et froide, pourtant exprimée au moment de l'assassinat du feu president americain John F. Kennedy. Ne serait-il pas simple d'avouer qu'aujourd'hui la culture haïtienne soit en train de récolter ce que ses courtiers politiques, culturels et religieux aient été semés – un mélange de mafia crimino-spirituelle sans pareil.

On appréhende que le terme «cabalisme» ne soit pas nouveau dans le monde. Les publications de Wikipedia nous fournissent de nombreuses définitions du mot «cabale». A savoir qu'une **cabale** est une forme de complot ourdi par un groupe de personnes unies autour d'un projet secret visant à conspirer pour le succès de leurs opinions et de leurs intérêts au sein d'un État ou d'une communauté donnée. Selon ses adhérents, la compréhension intime et la maitrise de la Kabbale rapprochent spirituellement l'homme de Dieu. Ce qui confère à l'homme un plus grand discernement sur l'œuvre de la Création par Dieu. Outre des prophéties messianiques, la Kabbale peut ainsi se définir comme un ensemble de spéculations métaphysiques sur Dieu, l'homme et l'univers, prenant racine dans les traditions ésotériques du judaïsme.

Le thème du kabbalisme a été en outre repris par nombre de nouveaux mouvements religieux, dont le Centre de la Kabbale qui connait depuis les années 1980 une certaine notoriété auprès des personnalités du show-business, dont la très emblématique Madonna, mais qui est dénoncé comme imposture par les rabbins traditionalistes (https://fr.wikipedia.org/wiki/Kabbale). Et comme on parle de l'Haiti d'aujourd'hui, il fait du sens de bien interpréter sociologiquement et politiquement les corridors possibles de ce mouvement cabalo-cannibalisé. J'ose en déduire du fratricide et du cannibalisme égypto-africain en évolution là-bas.

Quid de la Franc-maçonnerie à travers le monde et en Haïti?

Peu de choses sont révélées dans le quotidien au sujet de la Franc-maçonnerie et de ses initiés! La Franc-maçonnerie reste une entité spirituellement similaire à toutes les dénominations religieuses du monde. Bons nombres de croyants religieux – catholiques ou protestants – tendent à rester loin des franc-maçons. Elle est en effet non-dogmatique en son genre. Toutefois, elle ne se laisse pas encore infiltrer par des femmes et aussi par des non-initiés. Et quid de cette Franc-maçonnerie qui a survécu le temps passé et survit encore le présent?

Lisons de préférence un article sur le sujet qui a été publié dans «jepense.org» en date du 7 avril de cette année! Les franc-maçons croient-ils en Dieu? Peut-on être croyant et intégrer une loge maçonnique? Peut-on à la fois être catholique, protestant, musulman et franc-maçon?

Les fondements même de la franc-maçonnerie et des grandes religions sont différents des autres cultes: 1. **Les Églises** se fondent sur un **dogme,** une doctrine, des principes et des préceptes intangibles, acceptés et mis en application par leurs membres. **Les religions proclament une vérité altruiste révélée pendant que les Eglises se positionnent comme les gardiennes et les dispensatrices de cette vérité** et 2. La **Franc-maçonnerie** se place elle-aussi sur le terrain de la **spiritualité,** mais se veut être **adogmatique.**

Par voie de conséquences, la Franc-maçonnerie n'apporte aucune réponse définitive au mystère de Dieu, mais propose plutôt une méthode de recherche. Elle reste consistante en des rituels, des symboles et diverses traditions afin que chacun puisse trouver son chemin dans sa relation avec lui-même, les autres, et un éventuel "dieu".

Ainsi la religion et la franc-maçonnerie proposent toutes deux une forme d'**universalisme,** mais de nature très différente: **1. Un universalisme absolu et révélé pour les religions et 2. Un universalisme relevant de la conscience personnelle et de la libre pensée pour les franc-maçons.** En réalité, le rapport à Dieu est différent au sein même de la Franc-maçonnerie.

Les franc-maçons croient-ils en Dieu? Au-delà de la réponse intime et individuelle, la **spiritualité** est abordée de manière différente au sein des différentes obédiences maçonniques françaises. **On peut distinguer trois (3) approches différentes en France**, de la moins déiste à la plus déiste: **1.** Le **Grand Orient de France,** première obédience française, insiste sur la **laïcité** et la **liberté de conscience,** c'est-à-dire l'accueil de frères et sœurs de différentes religions, **athées ou agnostiques,** dans le respect de leurs différences. Pour eux, Dieu n'est pas un sujet de discussion, mais ça n'est pas pour autant que la spiritualité soit absente, car il est possible d'avoir une vie spirituelle même en étant athée. Plusieurs autres obédiences françaises sont sur la même ligne,

2. La **Grande Loge de France,** deuxième obédience française, reconnait l'existence d'un principe supérieur sous le nom de **"Grand Architecte de l'Univers",** que chaque frère est libre d'interpréter comme il veut: Dieu, la Nature, les lois naturelles, l'ordre des choses... Le Grand

Architecte de l'Univers est un concept, un point d'appui qui aide chacun dans la recherche de sa propre vérité et

3. D'autres obédiences telles la **Grande Loge Nationale Française** sont **purement déistes voire théistes:** l'existence de Dieu et sa volonté organisatrice sont affirmées. Il s'agit du Dieu des trois religions monothéistes, ou encore d'un Dieu de la raison, un "Etre Suprême" au sens où l'entendaient les philosophes des Lumières.

On distingue de ce fait: 1. Les obédiences **libérales** au premier rang desquelles le Grand Orient et 2. Les obédiences **traditionnelles** qui se réfèrent à Dieu ou au Grand Architecte de l'Univers, dans la droite ligne des organisations maçonniques historiques nées en Grande-Bretagne, et dans le respect du texte fondateur, la Constitution d'Anderson de 1723.

*Selon ce texte, "Un Maçon est obligé de par son Titre d'obéir à la Loi Morale et s'il comprend bien l'Art, **il ne sera jamais un Athée stupide ni un Libertin irréligieux**."* Cette formule est en réalité diversement interprétée. Malgré ces différences, on trouve des franc-maçons croyants et non-croyants dans toutes les obédiences. Ils se retrouvent tous pour refuser à la fois le **nihilisme matérialiste** et le **dogmatisme religieux.**

La présence dans certaines obédiences d'un principe nommé **"Grand Architecte de l'Univers"** ne doit pas être vue comme la reconnaissance de l'existence d'un Dieu révélé auquel il faut rendre un culte, mais plutôt comme la volonté de rechercher sans relâche la dynamique des lois qui sous-tendent l'ordre des choses.

Dans les obédiences dites "traditionnelles", la Bible est placée dans la loge au titre de **troisième Lumière,** accompagnant **l'équerre et le compas.** Lors des initiations de nouveaux membres, elle peut être complétée du Coran ou de textes sacrés orientaux selon la religion des intéressés. La présence de la Bible au sein des loges ne signifie pas que leurs membres soient forcément chrétiens. Il s'agit plutôt de la reconnaissance d'une tradition importante, utile pour la recherche de la vérité. D'autre part, les franc-maçons sont attachés à **la libre interprétation des textes sacrés,** bien loin de la théologie chrétienne. C'est ce qu'ils appellent «**l'herméneutique**».

Les franc-maçons ne se posent **aucune limite à la recherche de la vérité.** La tradition chrétienne est un point d'appui pour accéder à la vérité, **mais ça n'est pas le seul.** Les autres outils dont disposent les franc-maçons sont:

La philosophie (la raison, mais aussi l'intuition), 2. **Les sciences naturelles et humaines,** 3. **Les traditions et les religions à mystères de l'Antiquité,** 3. **Les traditions initiatiques anciennes** (alchimie, chevalerie, bâtisseurs de cathédrales) et 4. **L'étude des symboles,** etc.

La Franc-maçonnerie n'est donc pas une religion ni une confession parmi d'autres, même si les travaux sont organisés selon un rite qui peut parfois rappeler la liturgie catholique. Par ailleurs elle ne parle pas que de spiritualité, dans le sens où **la raison** est l'autre voie essentielle utilisée pour rechercher la vérité. Cependant, **tous les franc-maçons ont pour ambition de s'élever vers l'universel.** Ils bâtissent leur **"temple intérieur"**, c'est-à-dire leur propre manière de se relier au monde et au cosmos.

D'autre part, les franc-maçons croient en l'existence d'un ordre qui unit toutes les choses. Ils recherchent le **sens de la vie** et sont attachés à des **valeurs universelles,** qui se confondent d'ailleurs avec bon nombre de valeurs chrétiennes ou musulmanes. Si les franc-maçons devaient pratiquer un culte, ce serait celui de **la Lumière,** vue comme une source de vie éternelle vers laquelle il faut marcher, dans la confiance et l'**espérance.** Cela pourrait être la définition de la **"foi maçonnique".**

En conclusion, il est tout à fait possible d'être membre d'une religion, croyant, et franc-maçon: cela relève d'une **démarche personnelle, intime.**

La foi ne se commande pas. Pourtant, s'il y a beaucoup de croyants franc-maçons, dans les faits, peu révèlent leur **double-appartenance.** En effet, les Eglises voient d'un mauvais œil la franc-maçonnerie, parce qu'elle se permet de discuter ou de remettre en cause les dogmes religieux qu'elles véhiculent. Ainsi, de nombreux franc-maçons préfèrent ne pas évoquer leurs convictions religieuses auprès de leurs frères, de la même manière qu'ils ne souhaitent pas évoquer leur appartenance maçonnique au sein de leur église, temple ou mosquée (www.jepense.org/franc-maconnerie-croientilsenDieu-foi/).

Grades, Rangs ou Degrés en Franc-maçonnerie!

Comme tous les autres mouvements socio-spirituels et sociétés anonymes privées ou publiques du monde, La Franc-maçonnerie possède aussi de grades, rangs, échelles ou degrés. Même si ces grades ne sont parfois imposés par le hasard du temps, ils sont pourtant hiérarchiquement gagnés par étape et via des études avancées dans le domaine. **Ces grades s'obtiennent ordinairement via des recherches et informations conduites par les initiés intéressés.**

Avec le temps, cet ordre initiatique reste fondé sur la recherche et la profondeur de la réalité spirituelle des initiés et aussi avec leur relation avec les fils de Dieu et la Nature. Un article publié par «gluf.org» nous fait un peu le point au sujet des grades maçonniques.

Dans cet article, l'auteur-chercheur nous raconte que la Franc-maçonnerie reste un Ordre Initiative qui transmet son initiation en plusieurs fois ou reprises. Elle considère que la Vérité s'acquiert par un enseignement graduel. Ainsi, l'initiation maçonnique est complètement achevée lorsque le Franc-maçon atteint le troisième degré—celui du Maitre-Macon. En voici les grades: 1. Apprenti Franc-maçon, 2. Compagnon Franc-maçon et 3. Maitre Franc-maçon (https://www.gluf.org/la-franc-maconnerie/un-ordre-initiatique-2/).

On apprehende toute fois que ce trois (3) grades initiatives ne soient pas les seuls utilisés a travers le monde.

Les 33 degrés du REAA
(Rite Écossais Ancien et Accepté)

Les 33 degrés du REAA (Rite Écossais Ancien et Accepté)! A quoi correspondent ses grades symboliques et hauts grades maçonniques? A l'origine de la franc-maçonnerie, les loges ne connaissaient que deux degrés: 1. **Apprenti** et 2. **Compagnon**.

Le degré de **Maitre** n'est apparu que vers 1730. Quant aux hauts grades, ils ne sont apparus que vers la fin du XVIIIème siècle pour compléter le grade de Maitre. Le Rite Écossais Ancien et Accepté (REAA) reste un des plus importants rites maçonniques du monde. **Il comporte ainsi 33 degrés, soit 3 degrés symboliques et 30 degrés complémentaires.**

A noter que les degrés "**supérieurs**" sont le plus souvent gérés par des organismes indépendants de ceux qui gèrent les trois degrés symboliques. Par exemple, en France, la **Grande Loge de France** est l'une des obédiences qui administre les 3 premiers degrés, tandis que le **Suprême Conseil de France** est là pour pouvoir administrer les 30 degrés qui s'ensuivent. Quid d'un degré maçonnique?

Un degré est un niveau pas ou acheminement dans la hiérarchie maçonnique pendant qu'un grade reste le titre conféré à un membre ayant atteint le degré correspondant.

*Voici **les 33 degrés du REAA et leur appellation en Loge Symbolique au REAA!*** Les loges symboliques, aussi appelées "**loges bleues**" du fait de la couleur utilisée pour leur décoration, accueillent leurs membres aux 3 premiers degrés: **1er degré:** Apprenti, **2ème degré:** Compagnon et **3ème degré:** Maitre.

Au REAA, il existe 30 degrés supérieurs, répartis en différents types d'ateliers et vaillances. Voici leur nom, selon la hiérarchie retenue par le Suprême Conseil de France: *Loges de perfection:* **4ème degré:** Maitre Secret, **5ème:** Maitre Parfait, **6ème:** Secrétaire Intime, **7ème:** Prévôt et Juge, **8ème:** Intendant des Bâtiments, **9ème:** Maitre Élu des Neuf, **10ème: Illustre Élu des Quinze, 11ème: Sublime Chevalier Élu, 12ème: Grand Maitre Architecte, 13ème:** Chevalier de Royal Arche, **14ème:** Grand Élu Parfait et Sublime maçon, **15ème:** Chevalier d'Orient ou de l'Épée, **16ème degré:** Prince de Jérusalem, **17ème:** Chevalier d'Orient et d'Occident, **18ème:** Souverain Prince Chevalier Rose Croix,

Les Sublimes Aréopages débutent au 19ieme degré et continuent jusqu'au 30ieme degré. Ce sont les suivants: **19ème degré:** Grand Pontife, **20ème:** Maitre Ad Vitam, **21ème:** Chevalier Prussien, **22ème:** Prince du Liban, **23ème:** Chef du Tabernacle, **24ème:** Prince du Tabernacle, **25ème:** Chevalier du Serpent d'Airain, **26ème:** Prince de Mercy, **27ème:** Grand Commandeur du Temple, **28ème:** Chevalier du Soleil, **29ème:** Grand Ecossais de Saint-André d'Écosse, **30ème:** Chevalier Kadosh.

Puis viennent les *Tribunaux, les Consistoires et le Conseil Suprême:* **31ème degré:** Grand Inspecteur Inquisiteur Commandeur (degré composé d'"Excellents et Parfaits Frères"), *Consistoires:* **32ème degré:** Sublime Prince du Royal Secret (degré composé de "Vaillants et Sublimes Frères") et enfin le *Conseil suprême:* **33ème degré:** Souverain Grand Inspecteur Général (degré composé de "Très Illustres Frères"). A noter que les 3 derniers degrés forment les "Ultimes Vaillances".

Apprehendez aussi qu'on ne puisse pas parler de l'historicité de la Franc-maçonnerie en absence des travaux de Paul Rosen. Bons nombres de chercheurs les attribuent ou les connaissent sur cette appellation suivante: Les faux degrés maçonniques de Paul Rosen bien que vus par certains comme des prescriptions ou des déclarations de guerre. Humm! Qui fut ce dernier?

Paul Rosen (1840-1907) est un imposteur qui inspira entre autres les célèbres canulars antimaçonniques de **Léo Taxil** (voir l'article sur les rumeurs de **satanisme en franc-maçonnerie**). Rosen avait fait croire que la franc-maçonnerie était une organisation secrète cherchant à dominer le monde.

Voici la liste des 33 degrés maçonniques inventés par Paul Rosen: 1. Exploitation vicieuse de la Curiosité, 2. Exploitation vicieuse de l'Ambition, 3. Exploitation vicieuse de l'Orgueil, 4. Glorification de l'Athéisme & de l'Anarchie. 5. Mort à toute Religion (Athéisme obligatoire), 6 Glorification de la Vengeance, 7. Glorification du Mal, 8. Guerre au Bien, 9. Guerre à la Chasteté, 10. Guerre à la Loyauté, 11. Guerre au Droit Social, 12. Guerre à la Propriété Sociale, 13. Tout à la Corruption, 14. Exploitation corruptrice des Théories déistes, 15. Exploitation corruptrice des Pratiques déistes, 16. Exploitation corruptrice du Rationalisme, 17. Exploitation corruptrice du Patriotisme, 18. Exploitation corruptrice du Collectivisme, 19. Glorification de la Perversion, 20. Perversion des Masses Populaires, 21. Perversion par les Passions et les Appétits, 22. Perversion des classes dirigeantes, 23. Perversion des Institutions, 24. Perversion de la Liberté, 25. Perversion de L'Égalité, 26. Perversion de la Fraternité, 27. Perversion de L'Intellectualité, 28. Glorification du Naturalisme, 29. La négation du Créateur, 30. Glorification de l'Hypocrisie 3. Parodie avilissante de la Justice, 32. Parodie avilissante de la Légalité et 33. Glorification de Satan (https://www.jepense.org/33-degres-reaa/).

On remarque la radicalité et la non-flexibilité de Rosen qui peut-être montra que sa franc-maçonnerie fut en guerre contre le monde ou contre les autres mouvements spirituels du temps. C'est peut-être cette orientation plus ou moins rigide qui a permis aux observateurs de titrer ses œuvres comme étant les **«faux grades de Rosen.** Oops! L'histoire en dira le reste.

Dynamiques des dénominations religieuses protestantes et catholiques dans l'Haiti contemporain!

Humm! Autant de banques de borlette (50-15-10), autant de boites religieuses catholiques, protestantes en Haïti. Ces dernières se portraiturent et se font appeler «églises de Dieu». Ces pasteurs vous disent qu'ils soient représentants de Dieu sur terre et, en même temps, réclament obéissance, argent ou donation, respect, fidélité de la part de leur assistance, de leurs disciples, fidèles, fanatiques aveugles ou de leurs adhérents. Bon nombre de ces dénominations religieuses protestantes, ainsi fonctionnées, attirent toute une multitude de clients et restent axés sur la poursuite du fric, selon mes observations. En bref, tout un chacun en Haïti se plaint de craindre le diable – un diable que personne ne peut vraiment identifier. Etrangement observé, les fidèles se craignent, espionnent ou surveillent les uns, les autres. Ils ont tous peur de la Franc-maçonnerie et du Vodou. Et on se demande: comment on a pu en arriver jusque-là?

En essayant de déchiffrer cette question assez objective, on fait une petite visite sur l'existence de l'église protestante en Haiti. J'ai souvenance qu'en temps contemporain en Haïti, le protestantisme ait débuté avec l'Église Baptiste Wesleyenne dans le pays. Cette mission protestante s'établissait surtout dans les zones pauvres et nécessiteuses. Elle fonctionna sous forme de mission bénévole complète: infirmeries, école, cantines, orphelinats, église et autres petits agendas de bénévolats. Les étrangers-protestants missionnaires du temps des années 50 et 60's savaient garder leur prestige et surtout un bas profil. La propagande n'exista presque pas. Toute instance de clameur publique à travers le pays se faisait via la radio 4 VEH. Ils ne faisaient pas de bruit en effectuant leurs rituels quoiqu'ils s'éparpillent lentement et silencieusement sur toute l'étendue du territoire national. A la fin de la journée, **on pourrait en déduire qu'ils fussent «bons missionnaires et travailleurs sociaux aux multiples genres».** Et que se passa - t'il au cours des années 80's, 90's, 2000's en Haiti?

En hiver de l'année 1986, le pays a connu et vu la chute, le départ du feu ex-president haïtien, M. Jean Claude Duvalier. Et la boite de Pandore était soudainement ouverte. Le vaudou était officialisé comme étant une religion. Le créole a pu trouver son piédestal social. Ce qui, en retour, a pu procréer le momentum tant attendu par ces dénominations protestantes voire aux praticiens du vaudou de se vulgariser massivement dans le pays. Humm! Le jeu était devenu libre et légal aux pirates, analphabètes et mercenaires de pouvoir professer librement leur soi-disant métier ou jeu de cerveau sur leurs fideles ou sur leurs fanatiques envoutés, dingues, désespérés, dépossédés. En réalité, la dégringolade culturo-spirituelle a dû pleinement connaitre le jour en hiver de l'année 1987. On remarque aussi que le temps du post-séisme de l'annee 2010 a grandement augmenté le nombre des églises protestantes et catholiques en Haïti; d'où la chasse aux dons étrangers et aux dimes.

Le Ministère Haïtien des Cultes, sous prétexte de ne blesser personne, ne s'en soucie guère. Il laisse tout mercenaire, maitre-chanteur, cancre se pénétrer dans la pratique de ce métier de pasteur protestant. Aucune expérience d'études académiques ou autres n'est demandée aux postulants n'est exigée ni réclamée pour l'obtention d'une telle patente commerciale au Ministère Haïtien des Cultes. C'est ainsi qu'on y trouve toutes sortes de cancres, nigauds, retardés sociaux, maitres-chanteurs, illettrés et surtout de forbans dans ces boites religieuses protestantes en terre natale. A savoir: plus on est dépourvu d'éducation académique, plus facile d'être assermenté au Ministère des Cultes! N'est-ce pas outrageux?

On apprehende aussi que l'Église Catholique Haïtienne d'antan ait perdu quelques milliers de disciples du fait qu'elle continua l'administration de bon nombre de ses services en langue française, latine. Il parait actuellement que la gente religieuse haïtienne se sente libérée de certains stigmas ou d'être plus proche de ces rituels religieux qui sont aujourd'hui effectués en locutions régionales, le créole. Humm! On remarque aussi que le passage de ce dernier tueur-séisme de l'année 2010 ait pu générer toute une multitude de boites religieuses dans les taudis et milieux urbains du pays. D'une façon ou d'une autre, les dénominations religieuses protestantes en Haiti sont populaires et borlettisees sur toute l'étendue du territoire national. Autant de banques de borlette (50-15-10), autant de boites religieuses protestantes en Haiti!

Au modèle de l'église baptiste Wesleyenne, bon nombre de ces boites protestantes s'engagent aujourd'hui aussi dans le rendement de l'éducation, des dynamiques de l'orphelinat et de la vente de visa américain, français, canadien et aux autres Antilles; ceci au plus offrant. Ils fournissent ces genres de transactions commerciales surtout aux plus offrants et en absence de toute discrimination ou de tout préjudice. Et on comprend que ces mercenaires, déguisés en pasteurs, soient en quête constante du fric. Programmés ainsi, ils soutirent le fric de leurs adhérents ou disciples via les diverses dimes, quêtes, donations annuelles et occasionnelles ou vente de visa.

Le pays, dépourvu de peu d'infrastructure d'emploi de grande envergure, semble procréer le terrain ou la fondation au fourmillement de ces boites protestantes. Un tel fait observé en plein jour, les chômeurs ou déshéritées s'adonnent aux religions – catholiques et autres – avec espoir d'un miracle ou d'une panacée tombée des cieux aille se passer un jour aux bénéfices de leur famille. Par voies de conséquences et comme le malade aimant sa maladie, ils s'attachent à leur pasteur et aux églises. On remarque aussi que ces pasteurs obligent le mariage religieux aux fins d'etre baptisé ou d'être membre officiel de l'assistance. Ne réalisant pas les possibles impacts négatifs d'un couple chômeur qui s'amuse à contribuer aux économies de la Nature et de la pauvreté, les pasteurs vont jusqu'au bout pour garder leurs disciples dans leur petite boite. Hélas!

Le mouvement de l'Illuminati i en Haïti: la société secrète la plus mafieuse du monde!

Il existe toute une série de sociétés secrètes dans le monde. L'Illuminati, peut-être l'une des plus anciennes, reste la plus mafieuse et criminelle de toutes ces sociétés. Oops! Quid de l'Illuminati?

«Le terme Illuminati est utilisé depuis plusieurs siècles pour designer les membres – politiciens ambitieux, prêtres et pasteurs des dénominations religieuses, banquiers, journaux et journalistes, athlètes, artistes et surtout économistes – d'une confrérie secrète. Ils y partagent des connaissances ésotériques afin de définir un pouvoir supérieur au reste de la population ciblée. Ces avantages leur permettent d'influencer les politiciens, les medias, et les gens du spectacle... Leur objectif final est l'instauration d'un Nouvel Ordre Mondial basé sur leur vision et leurs idées» (theorie-du-complot.com/blogs/théories-du-complot/Illuminati).

Appréhendons que l'Illimunati et la Haute Finance soit synonyme, car le contrôle mental de adeptes de l'Illimunati se fait via l'argent puisque tout le monde veut être riche. Lisons, si intérêt manifesté, les pages du Panama et de la Pandora's rubrique qui viennent juste sortir le weekend dernier au site suivant: https://www.bbc.com/news/world/58780465 dans lesquels le nom de quelques gangsters-politiciens et commerçants haïtiens y figure.

Pas beaucoup de gens en sont épargnés, pas même J. F Kennedy, Martin l. King, Malcom X, Michel Jackson, Kobby Bryant et Tchupack, etc., car ceux qui essaient de ne pas s'y initier sont fusillés ou empoisonnés sans coup férir. En Haiti d'hier, des leaders comme Estimée, Dr. Francois Duvalier, Jovenel Moïse ont résisté, mais deux (2) d'entre eux ont dû laisser leur peau par empoisonnement peu de temps après avoir été tombé victime d'un coup d'etat et l'autre par fusillade et mutilation.

Le monde a été et est encore dirigé par des gangsters, des scélérats déguisés sous un masque de politiciens, banquiers, prélats, pasteurs et de trafiquants de stupéfiants et des armes automatiques, y compris Haiiti. Ce sont assurément les tentacules de ce mouvement qui ensorcèlent aussi les politiciens et commerçants haitiens leur empêchant de faire avancer le pays. Humm! Le mouvement de l'Illuminati reste l'une des sociétés secrètes les plus anciennes du monde et certainement la plus mafieuse et criminelle du monde.

Sorcellerie: Magie Blanche Occidentale, Poupée de Vodou, Magie Noire Afro-Egyptienne? Laquelle des trois?

La sorcellerie, en occurrence de ses formes ethniques ou raciales, reste ces rituels magiques nocifs effectués dans l'intention primale de nuire la santé ou de blesser physiquement et émotionnellement un autre sujet; faite juste pour nuire aux autres voire les tuer ou les handicaper. Elle se manifeste souvent par des exorcismes ou des sacrifices qui sont lancés vers la personne choisie.

Il est dit que la sorcellerie soit indépendante, supérieure ou tangentielle aux lois naturelles. Les sorciers utilisent des moyens ou messages codés – dépendamment de chaque mythologie culturelle – dans le but de se distinguer elle-même et, en même temps, de pouvoir attirer ses croyants. Tout comme dans les contes de fées, La sorcellerie met en action toute une série de mécanismes en une seule relation intersubjective.

Il existe pourtant de larges nuances entre les termes «magie et sorcellerie». Ordinairement, la sorcellerie est définie dans de nombreux dictionnaires comme étant l'une des branches de la magie combinée ensemble avec la «Magie Noire Afro-Égyptienne ou avec la Magie Rouge

Saignante» tout en opposant la «Magie Blanche». Il est aussi dit que cette dernière soit moins sacrificielle et plus bénéficière en même temps.

Toutefois, la **«théurgie, thaumaturgie»** nous rapporte aussi que la magie reste associée avec la religion, l'animisme ou le vodou de meme que la magie de la «goétie». Cette dernière **reste la vertu ou le désir d'interpeler les esprits malfaisants afin de nuire aux autres.**

Par contraste, **«l'occultisme» reste la plus populaire de toutes les formes de magie. Il est secret, ésotérique et réservée à une élite en quête d'un langage commun, d'un usage spécifique de numéros et de signes. La pratique de l'occultisme reste illégale dans bons nombres de pays du fait que ses adeptes obéissent que ses lois et défient les normes et lois établis.** L'occultisme et ses multiples sociétés cabales restent encore accessibles aujourd'hui seulement après un voyage d'initiation.

L'occultisme, selon ses adeptes, est une connaissance sacrée et un champ d'apprentissage pendant que la sorcellerie soit définie comme etant une forme frustrée de magie qui priorise actions, dédain et le désir de détruire. Par contraste, la sorcellerie oppose le saut et l'accès direct vers l'au-delà.

Toutefois, le jargon «sorcier» détient autres dimensions littéraires en culture occidentale. Aux yeux de bons nombres de cliniciens en santé mentale, la sorcellerie est vue comme «lanceurs **de sorts ou sorciers professionnels»** qui peut se manifester par un appel aux forces super naturelles de pouvoir nuire aux autres. **«Si le magicien utilise des techniques de capture de forces symboliques, le sorcier – de son coté – se tient ouvert et disposé dans une attitude de lutte ouverte contre toute logique, pourtant analogue aux luttes sociales et religieuses intestines. Il embrasse du même coup le concept de «la partie pour le tout». Il confond les mots pour la chose, la réalité.** (Delcambre, E., 1949).

Exploitation religieuses, spirituelles dans l'Haïti d'aujourd'hui: catholicisme, protestantisme, Vodou & autres!

Haiti, comme beaucoup d'autres pays des Amériques et des Caraïbes, a été envahie et envahit encore par quelques dénominations religieuses chrétiennes. Cette invasion a été importée depuis le temps de la colonie espagnole. Le catholicisme romain fut le seul coq de la basse-cour et était importé dans le but d'amadouer et/ou convaincre les habitants locaux – africains et Indiens – à oublier leur spiritualité.

Au cours des ans, les colons Anglais ont importé leur protestantisme en Haiti. Ce qui s'ensuivit par les colons Français avec renforcement du catholicisme, mais avec le même but en tête. Ce n'est donc par hasard que l'Haiti d'antan était principalement catholique.

Aujourd'hui, les exploitations religieuses spirituelles sont profondément différentes que celles d'hier, surtout après le temps du post-séisme de l'année 2010 où les Protestants d'Amérique et de l'Europe ont envahi la sphère religieuse du pays. Des boites d'églises protestantes sont partout dans les milieux urbains et communaux du pays exploitant la populace sous prétexte que ces pasteurs détiennent en mains une panacée qui peut les sortir de la crasse et/ou de la misère.

Un article, perché sous le site de Wikipedia, nous fait le récit et la numération de ces soi-disant églises protestantes dans l'Haiti actuel. L'auteur argue que la grande majorité des Haïtiens pratique une religion puisque 88,2 % de la population déclare être rattachée une religion. Selon EMMUS VI, les protestants sont majoritaires, que ce soit chez les femmes (56 %) ou chez hommes (45 %). Les catholiques viennent en deuxième position avec 35 % des femmes et 36 % des hommes. On trouve ensuite les personnes se déclarant sans religion (8 % des femmes et des hommes). Enfin, seulement 1 % des femmes et 3 % des hommes se déclarent vodouisants. EMMUS-VI: Enquête Mortalité, morbidité et utilisation des services. Indicateurs clés du ministère de la santé publique et de la population. Le Catholicisme, en dépit de son actuelle faiblesse par rapport aux années précédant le post-86, ne performe pas si mal que cela. Quid du catholicisme actuel en Haiti?

Comme la plupart des pays d'Amérique Latine, Haïti a été colonisé par des pouvoirs européens catholiques. Le catholicisme a été conservé dans la constitution haïtienne comme la religion officielle d'état jusqu'à 1987. Le pape Jean-Paul II s'est rendu en Haïti en 1983, dans un discours prononcé a la capitale d'Haïti a Port-au-Prince dans lequel il avait critiqué le gouvernement de Jean-Claude Duvalier, notamment avec la célèbre phrase: **«Il faut que quelque chose change ici»**. Ce discours sera un peu plus tard suivi de la chute de celui-ci. Selon l'Église catholique en Haïti, les dix diocèses des deux provinces ecclésiastiques d'Haïti comptent jusqu'à 251 paroisses et environ 1500 communautés rurales chrétiennes. Le clergé local dispose de 400 prêtres diocésains et 300 séminaristes. Il y a aussi 1 300 prêtres missionnaires religieux appartenant à plus de 70 ordres religieux et confréries.

Cet auteur argue que la religion la plus pratiquée actuellement sur l'île soit le Protestantisme. Selon MSPP Emmus-VIhttps://mspp.gouv.ht › site ›...PDF EMMUS-VI - MSPP. Le protestantisme a été introduit en Haïti à partir de 1816. Les missionnaires américains et canadiens se sont succédé à Haïti surtout depuis la 2ᵉ moitié du XIXᵉ siècle. Leur action a été majeure dans le domaine de l'enseignement: aujourd'hui 40 % des écoles primaires, 40 % des écoles secondaires et 25 % des universités sont organisées par les églises protestantes haïtiennes.

En adoptant le créole comme langue d'évangélisation, en s'établissant dans les quartiers populaires et les milieux ruraux, ces églises protestantes connurent une croissance rapide et, de ce fait, érodèrent l'influence jusque-là incontestée de l'Église catholique dans ces milieux. Contrairement au catholicisme qui était en difficulté dans les années 1960 à la suite de l'expulsion de la plupart de ses évêques, le caractère apolitique des prédicateurs protestants leur valut par ailleurs la neutralité du gouvernement. D'autre part, là aussi contrairement au catholicisme, l'adhésion au protestantisme représente une rupture franche avec les pratiques magiques vodou et une moindre pression financière sur les fidèles. En forte croissance, la population protestante est en 2016 53 % selon EMMUS-VI MSPP plus de 33 % selon Terry et Stepick.

La Convention baptiste d'Haïti est fondée en 1964. En 1994, elle établit l'Université Chrétienne du Nord d'Haïti à Limbé. En 2010, elle compterait et 112 églises et 50,000 membres. Parmi les protestants haïtiens, plus de la moitié sont baptistes (15,4 %), un quart adhèrent au pentecôtisme (7,9 %), et un sur 10 à l'adventisme (3 %). Les autres 2 % se répartissent entre les autres églises protestantes (Haïti est par exemple le plus grand diocèse de l'Église épiscopalienne américaine, avec 83 698 membres signalés en 2008), et des mouvements parfois assimilés au protestantisme tels que les Jéhovah, les Mormons. Dans le secteur de la santé, les œuvres protestantes gèrent 66 centres de santé et hôpitaux, soit 60 % de la couverture médicale du pays.

Le Vodou reste aussi la religion in catimini de toutes les familles haitiennes, car c'est là qu'elles trouvent leur support suspicieux et culturo-africano-haïtien. Selon le Factbook de la CIA mondiale, le vodou est considéré comme religion officielle depuis 2003, décision prise sous le gouvernement de Jean-Bertrand Aristide, il a été accordé à certains prêtres vaudouisants de célébrer leurs propres mariages. La pratique du vaudou se combine souvent avec la pratique d'une autre religion, essentiellement le catholicisme. **L'islam** est en en train d'émerger aussi là-bas.

On y trouve une petite communauté musulmane en Haïti, résidant principalement à Port-au-Prince, Cap-Haïtien et ses banlieues environnantes. L'histoire de l'islam à Haïti est liée avec celle de l'esclavage. Le patrimoine islamique des esclaves importés à Haïti a persisté dans la culture haïtienne. En 2000, Nawoon Marcellus, membre de Fanmi Lavalas et originaire de Saint-Raphaël, est devenu le premier musulman élu à la Chambre des députés d'Haïti.

A ne pas oublier le judaïsme! La communauté juive d'Haïti réside principalement à Port-au-Prince, où la communauté répond aujourd'hui de la maison de l'homme d'affaires et milliardaire Gilbert Bigio, un Haïtien d'origine syrienne. Le père de Bigio s'installe d'abord à Haïti en 1925 et a été actif dans la communauté juive. En novembre 1947, son père a joué un rôle important dans le soutien d'Haïti pour l'État d'Israël lors d'un vote à l'Organisation des Nations unies. Le dernier mariage juif ayant eu lieu en Haïti s'est tenu il y a 10 ans.

Haïti a accueilli des Juifs persécutés par le pouvoir nazi. Le 29 mai 1939, le président haïtien Sténio Vincent adopte un décret-loi octroyant par contumace la nationalité haïtienne *in abstentia* aux réfugiés juifs d'Haïti puis accueille les 937 passagers, majoritairement juifs, fuyant le Troisième Reich à bord d'un paquebot ayant quitté Hambourg le 13 mai 1939 et refoulé de Cuba. Le 12 décembre 1941, quelques jours après l'attaque de Pearl Harbor, le président Élie Lescot, déclare la guerre aux forces de l'Axe et accorde un passeport à tout Juif le sollicitant (fr.wikipedia.org/wiki/Religion_en_Haiti).

Appréhendons que les Rosicruciens soient aussi de la bande! Il y a eu d'abord les rosicruciens affiliés à la juridiction américaine qui ont commencé à s'établir en Haïti. Les premiers établissements Rose-Croix avaient été abrités par des loges maçonniques et puis, nous avons eu notre propre domaine, La Loge Phoenix sise à Delmas. On s'est épanoui et l'on s'est étendu à travers le pays. Maintenant on peut dire que la Rose-Croix est solidement implantée en Haïti, aux Cayes, au Cap, aux Gonaïves.

Il y a eu d'abord les rosicruciens affiliés à la juridiction américaine qui ont commencé à s'établir en Haïti. Les premiers établissements Rose-Croix avaient été abrités par des loges maçonniques et puis, nous avons eu notre propre domaine, La Loge Phoenix sise à Delmas. On s'est épanoui et l'on s'est étendu à travers le pays. Maintenant on peut dire que la Rose-Croix est solidement implantée en Haïti, aux Cayes, au Cap, aux Gonaïves, à St-Marc et nous espérons bientôt nous étendre à d'autres villes de la Républiques, à St-Marc et nous espérons bientôt nous étendre à d\'autres villes de la République (https://lenouvelliste.com/public/index.php/article/15615/la-rose-croix-tradition-connaissance-et-spiritualite).

Juste pour vous fournir une idee de l'exploitation – bonne ou mauvaise – de la pratique religieuse en Haiti! Chaque dénomination religieuse, hormis les Adventistes du Septième Jour et les Témoins de Jéhovah, gagne leur fric à gogo et en absence de toute répugnance et discrimination. La dime, les offrandes et les dons saisonniers par les fidèles et les fanatiques zélés font l'affaire de ces pasteurs; tous sous le nom de Jésus-Christ. Amen!

Vodou: Quelques Vèvès & Symboles!

Rituellement, **l'œuf placé entre les couleuvres** démontre l'ancien des jours. Ce qui n'est autre que le plus vieux des Legbas, le vieux des papas, l'être présolaire qui, sous l'aspect du premier-né double ou jumeau de la Nébuleuse Solaire, salua la naissance du Soleil.

Le Serpent Ancien ou Ancien des Jours est figuré par un lézard ancien comme le montre le Vèvès de Damballah. A savoir que **la rotation des étoiles autour de la Grande Ourse, accompagnée d'un bâton et d'une couleuvre symbolise la rotation cosmique décomposée en couleuvre horizontale et en couleuvre verticale.**

Le Legba Vié Z'os correspond aux vertèbres ou au squelette d'une couleuvre. Cet animal reste, d'après les vodouisants, le pouvoir attractif de la matière première. C'est de cette matière qu'elle attire l'esprit captivant le soleil a partir de l'eau du bassin procréant, en même temps, la présence ante-primordiale de ce bassin et aussi celle de la couleuvre de type de lézard en la naissance du soleil.

A savoir que la **couleuvre** reste l'ancêtre tant aimé, adoré et respecté dans le vodou haïtien. Le **Damballah Wedo** est vu comme **Adam et Eve, le Dan Baal Allah ou la matrice-patrie du Soleil**; d'où le **Da-Ghee ou créateur de la vie**. On le portraiture comme **l'arbre zed égyptien ou le confrère osirien** qui est transporté dans le poteau-mitan, pourtant la colonne vertébrale, l'ancestralité africaine ou la tradition solaire.

Un Shin est vu comme le bassin de Damballah; ce lac fabriqué par l'homme. **Le Bassin de la Souvenance dans le Nord Ouest d'Haiti en reste un exemple concret de lac de Shin.**

Les bâtons représentent le Verbe ou le Grand Créateur. **Les couleuvres** signifient l'écoulement ou la libation triangulaire de l'Eau Cosmique. Cette dernière, selon les adeptes du vodou, donne naissance aux états de l'âme, pourtant figurés par les dieux et leurs succédanés tels que les humains, animaux, végétaux, minéraux.

Le **Bâton Magique** est souvent dédoublé pour augmenter doublement la couleuvre vue comme Damballah Wedo qui est Adam et Aïda Wedo qui est Eve.

Le **cylindre du Vèvès** est vu alphabétiquement comme etant le **Shin Hébraïque et Egyptien** tandis que les couleuvres sont vues comme le tzadé et comme la med.

Le **Bol Maracca** est une matrice, les puissances équilibrées nommées To ou plus amplement To-Legba qui est pourtant le chemin diurne du soleil. Le Bol Maracca ou Bol des jumeaux répond au **Ka Double.**

Le Vertical est donc l'IOD **Hébraïque, le principe manifesté ou le premier phénomène visible du Verbe qui est l'Être.**

Erzulie est vue comme la réflexion du soleil, de la lumière. Le signe Tau ou TA-ou est en réalité **Erzulie TAU-Can ou** la Lune possédée par le Soleil.

Le **Voile ou le To-Legba** représente le midi-solaire ou la Guinée. Le bois montant du bat de ce Vèvès est vu comme le poteau-mitan par les vodouisants. Les étoiles indiquent pourtant les influences planétaires sur l'évolution. Le **Vau ou Vav Hébraïque** correspond tout carrément à la première syllabe du vodou. **Ce** dernier etant **l'Azillih vodou et l'Aziluth Juive (L'Erzulie d'Haïiti)** est alors le bateau dans lequel Legba – le fils de Damballah – traversa le bassin. A savoir que Legba lui-même ait figuré la science comme étant la deuxième (2ieme) personne de la Sainte Trinité.

On essaie aussi d'assimiler que dans la pratique du vodou le Houngan ou prêtre du vodou, la mambo ou prêtresse du vodou, l'officier détenant toujours «l'Asson», façonnée avec le calebassier (arbre de Damballah Wedo).

Oops! Les **Vèvès** peuvent aussi être représentés par les tambours métamorphosés de bois polarisé, bois cosmique, bois juste et par d'autres instruments musicaux tels que les tchatchas, l'organe, troncs d'arbre et le triangle.

La **croix ou l'arbre polarisé** représente les règles des eaux dans la Kabale. Son emploi reste l'analogie entre le sabre dentelé et celui de l'éclair de Jupiter-Tonnerre – mystère dont dépend le régime des eaux personnifiées par Erzulie et par Agoueh. Le siège dentelé qui coiffe Isis (le Nil personnifié et défié) en est une copie.

Retournons encore au Vèvès! Dans la tradition cosmogonique, le Vèvès remplit rituellement le rôle du mandallah indou. Vu ainsi, le Vèvès reste une synthèse astronomique de la création, de la phénoménalisation consciente.

Chaque Vèvès représente un son ou une famille de sons; en réalité, un mystère du Verbe (**djo-houn**) ou une figure hermétique du Verbe. Le **Houn-to** est celui orchestre le son dans la liturgie du vodou.

Les Vèvès du vodou restent des supports magiques sur quoi s'appuient les raisons spécifiques d'un rituel étant donné que le dessin soit censé d'avoir une âme comme s'il était un mystère du vodou. Le Yee-See est l'âme dans la magie indienne.

L'âme du Vèvès haïtien est plus forte, phénoménale et est nourrie artificieusement avec des mets préférés et des parfums choisis en ajout aux boissons préférées du mystère en question.

Machettes, Sabres des Ogous!

Elles sont toutes des principes magiques. Elles sont dessinées ainsi: 1. La **Croix aux arêtes dorées** – Vinaigre ou eau mercurielle du mage, 2. La **Croix régulière simple** — philosophique ou acide de **forme d'hexagramme, 3.** Le **Triangle Renversé:** Eau ou principe du mercure philosophique, 4. Le **Triangle Droit portant la Croix:** Soufre ou Principe Volatil, 5. Le **Cercle:** ALUN ou principe du sel des philosophes chez les minéraux, 6. La **Croix Circonscrite par le Cercle:** Airain de Trismégiste, 7. Le **Cercle équilibré par le point:** l'or ou le principe de la sagesse, 8. Le **Cercle aux Cornes:** Bismuth ou deuxieme degré de Grande Œuvre, 9. Le **Cercle Ovalisé circonscrivant son diamètre:** Sel – ce principe fixe, La lettre **S couverte d'Hermès** se place au sommet de la hampe des drapeaux du vodou, 10. Le **Carré Simple:** Savon ou azoth des philosophes ou quartenaire matériel passif, 11.**Triangle Ouvert:** terre ou mine de sages, 12. **Croix en losange de flèche:** forces centrifuges, 13. **Cercle Régulier** avec une **ligne en son diamètre**: le visible et l'invisible, 14. **Le Point**: l'unité des philosophes, 15. L'**Étoile**: équation des l'eau-terre-feu-air ou génération spirituelle, 16. Le **Losange:** eau-terre-air-feu – matériels actifs, 17. La **Verticale**: principe actif de grande Œuvre, 18. **L'horizontale: principe passif des philosophes**, 19. Le **Triangle Isocèle Droit**: ternaire évolutif des philosophes, 20. Le **Triangle Isocèle Renversé**: Ternaire involutif, 21. **La Croix Régulière:** Eau-terre, eau-terre-feu-air—spirituels neutres, souvent vue comme l'armature des Vèvès, 22. La **Croix Romaine**: ternaire archétype ou quartenaire spirituel actif, 23. Le **Rectangle Circonscrivant la** croix de St –André: les règles ou époques menstruelles chez les mammifères, 24. Le **Signe de Constellation de la balance**: esprit de l'Univers et 25. Le **Cercle portant la Croix:** Cuivre (tirés de l'ouvrage Vèvès de Milo Rigaud).

Justice Paysanne en Haïti!

Haïti reste encore ce pays où le rendement de justice sociale est ficelé. Les procès se plaident ou discutent dans les chambres d'hôtel, dans salons privés de juges véreux, des avocats tordus bien avant celles des tribunaux.

Quant aux plaidoiries de propriétés immobilières, c'est du pur vol aux mains armées.

Par voie de conséquences, les clients – plaintif ou défendant – perdent la plupart du temps. Ce qui renforce la pensée et la pratique de la justice paysanne là-bas. Et quid de cette justice paysanne rendue en Haiti?

Cette dernière est souventes fois rendue dans les hounforts ou dans les péristyles du maitre-vodou. Le plaintif ou le défendant réclame son choix de justice. Ces choix ne sont pas souvent simples. Ils sont plutôt sacrificiels. Ils sont, en autres: 1. **La mort, 2. La zombification et 3. Les sorts du Vodou** (**madichon** en Créole, Voodoo spells in the English language).

Ces genres de pratique et de choix de justice servent comme étant une sorte de vengeance, souventes satisfaisante aux victimes de la Cour de Justice Sociale. A savoir que le deuxième choix des solliciteurs reste un choix rentable, quoique punitif et vengeur, car le zombi va travailler pendant une période de temps indéterminé au profit de son maitre.

La justice paysanne en Haïti est dépourvue de pitié, de compassion et de civilité. Elle est froide, cynique, invisible, vindicative et surtout variée. Ce n'est pas seulement les paysans qui l'utilisent. C'est toute une population-victime, souvent opprimée qui en fait usage. Elle se repose sur un principe sacrosaint: **«si vous causez du mal aux autres, vous avez tort et vous allez être châtié; que vous soyez en Haiti ou en terre étrangère».** Hélas! Cette justice paysanne implantée en Haïti depuis le temps colonial survit encore.

Cette justice paysanne haïtienne sévit encore du fait que le rendement de justice sociale de l'État Haïtien ou celui des tribunaux soit un peu caduque, démodé, ficelé, amorphe et surtout ficelé ou mafieux. Ce qui explique la survie de l'autre. D'ailleurs, elle se fait au bon prix. En plus de tout cela, elle est répandue sur tout le territoire national; du nord au sud et de l'est jusqu'à la pointe ouest. J'en argue qu'elle aille encore survivre quelques autres décennies à moins que les autorités haïtiennes ses ressaisissent.

CHAPITRE IV

Racines, Feuilles, Fleurs Utilisées en rendement médicinal haïtien!

Toute culture détient ses propres versions d'«**immunité collective**» et ces propres moyens épiques de lutter, prévenir ou gérer certaines maladies. Si le «Shaman» reste le docteur spirituel en Amérique du Sud, le **BON NEG GUINNIN, le Houngan ou le Prêtre du vodou joue ces rôles en Haïti.**

Ces diverses formes de rendement sanitaire et de renforcement spirituel se font en Haïti par l'emploi ou l'utilisation des racines, feuilles, fleurs, massages, concoctions, et autres. Et voici quelques unes de ces ingrédients:

1. **Armoise** avec ses qualités diurétiques est utilisée pour combattre la calcification ou la balance du sodium et magnésium, 2. **Artémisinine** et chloroquine sont d'usage contre la malaria et autres microbes du sang, 3. **Simin Contrat** est utilisé contre les problèmes de coagulation et de l'inflammation de la prostate, 4. **Assorosi** ou Céracée en langage anglo-saxon est d'emploi contre la fièvre, la malaria et autres microbes, 5. L'**Aloi** est de multiples emplois en Haïti. Le suc, le gel, la poudre d'Aloi peut chacun servir, selon le besoin, contre la constipation, l'indigestion, le sèchement des blessures et encore pour l'embellissement de la peau, la croissance des cheveux en combinaison avec l'olive, 6. **Bois Bandé ou Bois d'Homme,** comme son nom l'indique, est d'utilité aphrodisiaque masculine. Sa concoction répétée ou sa liqueur, mélangée avec d'autres ingrédients naturels et anti-inflammatoires, peut servir de produits aphrodisiaques pour le garçon souffrant d'incompétence sexuelle, 7. **Cannelle** est utilisée

dans la gérance du diabète, 8. **Calalou Gombo** ou **Okra** est utilisé dans le traitement de la dysurie (douleur et déconfort durant l'urination), en faveur de l'augmentation du volume sanguin et dans le rafraichissement de certains organes, 9. **Cèleri** est mis en application contre la flatulence, dans des usages aphrodisiaques, diurétiques et tonifiants, 10. **Aubergines** ou **Beregenes** sont utilisées dans des concoctions servant à lutter ou gérer le cholestérol,

11. La **Citrouille ou le Jouroumou** est d'usage dans la gérance de l'inflammation de la prostate, de l'acidité et surtout dans la gérance du diabète de type I, 12. Cives, mélangées avec des **ognons, échalotes,** ails et du sirop de miel sont utilisées dans la gérance des toux dormantes et pour réchauffer les poumons froids ou débiles pendant l'hiver, 13. **Pamplemousse** ou **Chadeque** est utilisée en tisane contre l'indigestion et aussi pour le rafraichissement et nettoyage léger du foie et des intestins, 14. **Echalotes** sont mélangées en combinaison avec des ognons, gingembre, sirop de miel dans la gérance de la toux, 15. **Pourpier** est d'usage médicinal dans la gérance du diabète de type II et dans la manufacture de l'Omega-3, 16. **Artichauts** est de divers emplois médicinaux. En Haïti, ses feuilles et pulpes sont utilisées sous forme de the, tisane et concoction dans la gérance du cancer des seins, des problèmes cardiovasculaires, du diabète, de l'anémie, de l'indigestion, de la peau et surtout dans la détoxification du foie,

17. **Pistaches, Noix** sont connus, réputées et utilisées en Haiti pour leurs effets aphrodisiaques, manufacture d'huile, 18. **Cocotier.** L'eau de cocotier est utilisée culturellement ou nutritivement pour rafraichissement tandis que la chair pour l'emmagasinement en d'huile, 19. Les **Cerises** sont utilisées ou consommées en Haïti pour ses effets médicamenteux sur certaines maladies de la peau et pour la manufacture de la vitamine C, 20. La **Banane verte** est très populaire en Haiti. Les Shamans Haïtiens la recommandent dans les problèmes des rythmes cardiaques, de la gastrite, des maladies intestinales, dans la gérance des défenses immunitaires faibles, de régulation de l'hypertension, de réduction de cholestérol et dans la prévention de l'obésité, 21. **Cachiman** ou Custard Apple en anglais es t saisonnier en Haiti. Il est connu et utilisé pour ses effets somnifères et succulents, 22. Corossol ou Soursop en anglais, aussi très populaire en Haïti, est utilisé dans la prévention du cancer, plus précisément celui

du pancréas, dans la gérance des maladies des yeux, contre l'infection, l'inflammation et les microbes.

23. **Melon Amer, Margose ou Bitter Melon** en anglais est utilisé en Haiti en prévention ou gérance du cancer et du diabète, 24. **Poudre de Caroube** est d'emploi contre les problèmes intestinaux comme la diarrhée et la constipation, 25. **Curcuma (Safran)** est d'usage médicinal courant pour les ulcères d'estomac, du diabète de type 2, de l'inflammation, de la gingivite et pour une meilleure performance cognitive chez les patients d'Alzheimer, 26. **Concombre Créole!** La tisane ou la concoction de Concombre Créole est utilisée en Haïti comme un allié minceur, contre les cernes et la mauvaise haleine, 27. **Graines de Tournesol** ou Sunflowerseeds en anglais sont utilisées en nutrition culturelle contre le cholestérol, la constipation, la prévention du cancer, 28. **Mombin ou Prune Myroblan** est une plante d'utilité multiple. Ses feuilles sont astringentes, Ses graines contiennent de l'huile et ses racines sont fébrifuges,

29. **Goyave** est aussi courante et populaire en Haïti. Les Shamans Haïtiens l'utilisent contre la mauvaise haleine, les problèmes dentaires, les blessures. Le thé de goyave est efficace contre les blessures, l'extermination des bactéries, des champignons, 30. **Grenade!** Le thé de grenade est efficace contre l'indigestion et l'hypertension. Le fruit est anticancéreux, spécifiquement dans la gérance du cancer des seins, de la prostate. Le fruit est aussi anti-inflammatoire. Le jus est efficace contre les infections bactériennes et fongiques, l'arthrite, la douleur articulaire, la dysfonction érectile et contre certaines maladies cardiaques. Il est aussi bénéficiaire contre la perte de mémoire. Il peut être aussi utile en performances sportives,

31. **Olives ou Moringa** sont utiles et utilisées en Haiti comme dans les pays étrangers. Les Shamans Haitiens vous conseillent de faire usage des composés d'olives et de son the en la gérance des yeux, de la mémoire de la manufacture du bon cholestérol et aussi contre l'inflammation, 32. **Maïs!** Le maïs est utilisé et consommé en Haïti pour diverses raisons médecines. Voici quelques d'entre elles: a. Régulation de la tension artérielle, b. favorisation de la croissance des muscles et des os pour les sportifs, c. maintien la peau et la vie en bonne santé, d. diminution du taux de cholestérol dans le système hépatique, e. agent de précipitation dans l'élimination des toxines, f. participation dans la gérance contre les

calculs rénaux, des coliques et surtout de la goutte, g. diminution des risques de certaines formes of cancer, I. participation dans la lutte contre les rhumatismes et l'arthrose et aussi dans le combat contre les maladies cardiovasculaires,

33. **Grenadine!** Le fruit et les feuilles de la grenadines sont effectives contre les maladies des gencives et des infections buccales, contre la déshydratation et pour la préservation des cellules de l'organisme et la réduction de l'endommagement des personnes affectées par l'arthrose sans oublier dans la gérance de la tension artérielle, 34. **Thym!** Quelle bonne combinaison pour les poumons, les rhumatismes et le traitement des voies respiratoires! Un antioxydant! Le thym est riche vitamines C, A et B2. Il contient des minéraux tels que le fer, le manganèse, le cuivre, le magnésium, le calcium, le potassium, le zinc et le phosphore. Il est utilisé aussi en Haiti dans le saignement de la peau, des rhumatismes, des caries dentaires et de certaines bactéries pathogènes de la peau, 35. **Girofle!** Le girofle, l'ail et le thym sont utilisés ensemble en Haïti sous forme de concoction, de the dans le traitement de la flatulence, de l'indigestion (gonflement). **Un antioxydant qui est combiné en Haiti ave l'ail, le gingembre, le thym, l'Artémisinine et la feuille de Cachiman dans la gérance des poumons.** Le clou de girofle reste utile en Haiti dans le traitement, des douleurs musculaires, de l'acné comme un analgésique, anti-inflammatoire, antibactérien. Il est aussi utile dans la gérance des maux dentaires,

36. **Gingembre!** Le gingembre haitien est utilisé comme antioxydant, anti-inflammatoire, dans la gérance de certains problèmes digestifs et de rhumatismes. Il contient du Manganèse et favorise aussi la santé vasculaire. Un mélange de purée de gingembre, d'ananas, de bois bandé, de tafia (grogue, clairin) et d'ail est vu en milieu culturel haïtien comme une forme d'aphrodisiaques, 37. **Patates Douces!** Un excellent tubercule qui est très populaire dans la paysannerie haitienne! La patate douce et ses purées sont employées en Haïti pour la stimulation du péristaltisme et dans le fonctionnement vasculaire et du système hépatique. Précurseur de vitamine A, B Complexe et de C il aide dans le blocus des radicaux libres qui sont pourtant responsables du vieillissement cellulaire. Il est aussi anti-inflammatoire. Il peut participer dans la réduction du développement du

cancer du sein, de la prostate et de la peau. Il améliore aussi la digestion et la contraction des muscles cardiovasculaires,

38. **Griffe de Chat!** La griffe de chat est originaire du Pérou. Il est utilisé en Haïti dans la gérance des douleurs inflammatoires, des séquelles du système immunitaire et des poumons froids et fébriles. Elle aide aussi dans la candidose et du papillomavirus, 39. **Feuille Loup Garou!** La Feuille de Loup Garou ou titrée aussi Feuille Vierge dans le Nord Ouest est utilisé multi dimensionnellement en Haïti. ON l'emploie dans le traitement de la «djoke», de certaines infections urinaires et de l'hypertension. Il est aussi un antiviral, antibactérien et anticoagulant, 40. **Feuille Avé! Titrée aussi Feuille 3 Paroles** est **utilisée dans les bains pour chasser les mauvais esprits, 41. Feuille de Basilic!** Les feuilles de basilic est du même emploi que la feuille Avé. Elles sont employées pour ramener les bons esprits dans la maison, 42. Feuilles Ancêtres (Ansettes)! Le bain et le thé de feuilles ancêtres sont utilisés pour re-acheter quelqu'un qui a été vendu chez le diable, 43. Cèdre du Liban! Cet arbre est utilisé pour garder et/ou empêcher la pénétration des mauvais esprits dans une cour encerclée,

44 **Caféier!** Les feuilles du caféier sont très utiles. On les utilise contre les anémies, les douleurs intestinales, la fièvre et contre certaines inflammations. Elles sont antipyrétiques, analgésiques, antibactériennes, immunomodulatrices et anti- cholestérol, 45. **Groseille Rouge!** La groseille rouge est connue pour ses effets médicinaux contre la constipation. Diurétique, elle est aussi employée dans le traitement des problèmes du transit intestinal et de la protection des vaisseaux sanguins, 46. **Guimauve** (Langue de chatte en Créole)! La guimauve est utilisée en Haïti contre la toux persistante, les inflammations de la bouche et de la gorge, les ulcères et pour favoriser la dentition chez le bébé, 47. **Mauve ou les Feuilles Mauve!** Elles sont utilisées dans le traitement de troubles gastro-intestinaux (surtout l'entérite), des inflammations de la peau, des douleurs menstruelles, des abcès et des maux de dents, 48. **Mauby (titré Mabi en Haiti)!** Les racines du Mabi sont efficaces contre les inflammations, les tumeurs, l'obésité, la coagulation du sang. On les utilise aussi contre la diarrhée et la dysenterie. On prétend qu'elles augmentent la libido et peut aussi aider dans la balance du sang chez les diabétiques voire agir contre l'hyperthermie,

49. Jasmine ou Jasmin! Le thé vert des feuilles du jasmin soulage le stress et la tension artérielle, diminue les risques de cancer, réduit le cholestérol, aide dans la gérance de l'obésité, diminue ou élimine les bactéries. Elle peut régulariser la circulation du sang et la production de l'insuline, **50. Lavande!** La lavande réduit l'anxiété, l'agitation et l'insomnie. Elle attenue la douleur, soulage les symptômes de la dépression, des douleurs névralgiques, spasmodiques et rhumatismales, **51. Laurier!** Les lauriers (feuilles et fleurs) sont utilisés en intervention médicinale naturelle haitienne comme stimulant digestif. Elles sont aussi utilisées pour réduire les spasmes, les flatulences, le diabète, les microbes et combattre la sinusite, les rhumes et la toux, **51. Lilas!** Le lilas est utilisé en Haiti et dans le monde extérieur contre les rhumatismes, les vers et parasites, les affections cutanées, la fièvre chez les enfants, les éraflures mineures et des coups de soleil et dans le traitement des cheveux. Son emploi dan l'aromathérapie est aussi excellent dans la maison,

52. Anis! L'anis est carminatif, aromatique. Il combat, l'halitose (mauvaise haleine), la flatulence, l'acidité, les douleurs abdominales, régularise le cycle mensuel et les problemes respiratoires, **53. Mélisse!** La mélisse est utilisée en Haiti dans la gérance des troubles nerveux tels que l'anxiété, l'angoisse, le stress, l'insomnie, l'acidite de l'estomac et du colon. Elle aide aussi dans la gérance des problèmes de circulation sanguine et de tachycardie, **53. Menthe!** Le thé, l'infusion ou la tisane de menthe fonctionne comme un antioxydant, encourage le sommeil, ralentit la montée du stress et inhibe le mauvais cholestérol, **54. Mirliton!** Les bienfaits médicinaux du mirliton – que ce soit en tisane, the ou en consommation solide – sont variés. IL combat la rétention d'eau dans le corps. Il participe dans la gérance du diabète, de l'hypertension, de l'acné, de l'arthrite et aussi de l'arthrose,

55. Orange Sure! L'orange douce est différente de l'orange amère, dépendamment de leur emploi. Elle combat les séquelles de l'estomac fébrile, de la digestion lente. On l'utilise comme purges (nettoyage des intestins), dans des onctions (pommade) contre les foulures et les inflammations musculaires, **56. Ricin (Palma Christi)!** Le thé et l'huile de ricin sont utilisés en Haïti dans la lutte contre l'acné, le maintien et le soin des cheveux et comme onction (pommade avec du camphre) pour traiter les foulures et les inflammations musculaires,

57. **Papaye!** La papaye stimule la digestion, lutte contre la constipation. Elle renforce le système immunitaire en éliminant les parasites intestinaux. Elle peut aussi diminue les douleurs menstruelles. Elle maintient la peau en bonne santé. Un allié minceur, elle protège aussi la santé oculaire, lutte contre le cholestérol tout en stimulant al pousse des cheveux. Ses graines tuent les parasites intestinaux, 58. **Persil!** Le persil est un antioxydant. Il contient du folâtre, du fer et de la vitamine C. Il combat la mauvaise haleine, 59. **Cayenne!** Ce piment très piqué peut agir sur l'arthrite, les rhumatoïdes, l'arthrose et les séquelles de la neuropathie, les douleurs lombaires, les démangeaisons cutanées. Il peut etre aussi utile dans la gérance de l'obésité, la mauvaise digestion et celle de certains cancers,

60. **Pois de Pigeon** (**Pois Congo** en Haiti)! Surnommé pois Congo en Haïti, il est souvent utilisé dans la gérance du diabète II. Ses feuilles sont souvent dans contre les bactéries ou infections vaginales légères en combinaison avec l'antibiothérapie, 61. **Quinine!** La quinine, très connue en Haïti, peut agir contre la crampe, lex toxines et contre le paludisme, 62. **Verveine!** La verveine, très populaire en Haiti, possède de nombreuses qualités thérapeutiques. Elle est vue comme un antibactérien, analgésique, antifongique, anti-inflammatoire, un antioxydant, un sédatif et un décongestionnant. Elle nettoie le sang de certaines toxines,

63. **Fruits de la Passion! Grenadia** en vernaculaire haïtien! Les Fruits de la Passion ou Grenadia détiennent un pouvoir antioxydant. Ils contiennent de la vitamine C, des fibres et du fer. Ils sont utilisés en Haïti dans le combat contre l'asthme, l'hypertension artérielle et la gérance de certaines formes de cancer, 64. **Prunes!** Antioxydant, la prune contient des vitamines, B, C, K, du potassium. Elle agit dans la diminution du mauvais cholestérol et dans la fabrication de certaines protéines, 65. **Betteraves!** Les betteraves sont mélangées sous forme de purée avec du fruit de cocotier, des épinards, d'olives et de carotte dans la gérance de l'anémie,

66. **Camomille, Citronnelle**! La feuille et la fleur de ces deux plantes sont servies et utilisées en Haïti comme calmants et de pressants contre l'insomnie et contre certains types d'inflammation et de céphalée (maux de tête), 67. Calebasses! Les calebasses détiennent au moins deux (2) emplois en culture haitienne: a) le cui est utilisé dans la composition des expéditions malveillantes et b. la pulpe en assemblage avec des

huiles spéciales contre certains maux internes, 68. **Feuilles Trompette**! **Le thé ou la concoction** de Trompette est utilisé dans la gérance de l'hypotension comme une diurétique, 69. Liane Mobile! Venant du Pérou, mais retrouvée en Haïti, est utilisé contre la fièvre, les infections et contre certaines inflammations.

Avertissement aux lecteurs de ce bouquin! Apprehendez que cette liste d'ingrédients postées dans ce livre n'est pas la totalité des plantes médicinales perchées et utilisés en Haiiti. L'auteur a pourtant fait de son mieux à pouvoir vous servir et vous informer au sujet de certaines astuces qu'utilisent les Shamans d'Haïti dans le défi du rendement de la santé. Ces informations concernant l'immunite collective en Haïti, fournies par l'auteur, ne sont ni des prescriptions ni des recommandations médicales, car le traitement thérapeutique médical est du domaine des médecins.

CONCLUSION

Aucun contenu de ce bouquin n'est subjectif ni inventé par l'auteur. Par contre, aucun sujet concernant le vodou, les pratiques religieuses chrétiennes, la Franc-maçonnerie Haitienne ou l'usage des plantes médicinales utilisées et retrouvées en Haiti est du roman. Ces récits peuvent être recherchés, puis trouvés car bons nombres d'entre eux ont été déjà publiés sur les réseaux sociaux, Wikipédia et dans des petits bouquins.

Cependant, les nouveautés et la beauté de ce bouquin se réside dans le fait que l'auteur ait pu assembler en un seul paquet tous les aspects historiques et mythologiques de son pays natal. Et sans langue de bois, il déballe l'histoire et certaines vérités inédites qui furent restées taboues au sujet de sa terre natale.

Le dernier chapitre de ce bouquin se converge sur l'usage des plantes en Haiti ne visent en aucune façon de dérouter ou de dévier personne de l'emploi de la médecine conventionnelle. Ils y sont mis dans le but d'informer les lecteurs sur quelques approches thérapeutiques, pourtant mis en usage par les Shamans et prêtres du vodou haïtiens. Toute personne, qui se sent affectée par un malaise quelconque, doit consulter un expert médecin licencié par les autorités médicales de son milieu ou de l'extérieur.

Oops! L'auteur ne se portraiture pas en expert-praticien vodouisant ni en Franc-maçonnerie voire en dynamiques religieuses chrétiennes. Il veut toutefois inspirer plus de recherches sur la pratique et l'emploi de ces rituels en Haiti. Tout jugement ou toute curiosité au sujet du contenu de ce bouquin peut être perché sur l'internet ou via une visite plus ou moins approfondie en Haïti.

En revanche, l'unicité de ce bouquin se réside dans le fait qu'il compile ensemble toute une série de discussions sur la spiritualité et aussi sur l'emploi des plantes médicinales en Haïti.

Merci!

RÉFÉRENCES

33 Degrés.
https://www.jepense.org/33degres-reaa

Cabale.
www.littre.org/definition/cabale

Croyances Populaires Haitiennes.
www.ptor.org/stable 99293 Delcambre, E (1949). The concept of witchcraft, Nancy, CNRS

Franc-maçonnerie.
https://lenouvelliste.com/article/49302/role-de-la-franc-maçonnerie-en-Haïti/

Franc-maçonnerie.
https://www.gluf.org/La-franc-maconnerie/un-ordre-Initiative-2/

Haïti détiendrait-elle le secret de la pierre philosophale.
www.nelsond. mondoblog.org, 21 mars, 2021

Hiérophante, vodouisant, cabale, franc-maçonnerie.
www.fr.wikipedia. fr.wikipedia.org/wiki/Hiérophante

History of Zionism.
https://www.fr.wikipedia.org/wiki/zionism

Kabbale.
https://www.fr.wikipedia/wiki/Kabbale

Klu Klux Klan.
https://www.fr.wikipedia.org/wiki/sionisme

La Franc-maçonnerie, croient-ils en Dieu.
www.jepense.org/franc-Maçons-croient-ils en Dieu-foi, 7 avril, 2021 Lapassade, G. (1987).

Modified State of Consciousness.
https://fr.wikipedia.org/wiki/Etat-modifie-de-conscience

La Rose-Croix: Tradition, connaissance & &
https://www.lenouvelliste.com/public/index.php/article/15615/la-rose-croix-tradition-connaissance-et-spiritualité

La Télépathie existe-t'elle?
https://www.nos pensees.fr/la télépathie-existe-t-elle

Le Culte du Vodou Africain.
https://africouleur.com/le-culte-vaudou-african-au-togo-et-au-benin/

Le nouvelliste.com/public/index/php/article/15615/la-rose-croix- Tradition-connaissance-et-spiritualité

Les Grades Maçonniques.
www.gluf.org/la-franc-maconnerie/un-ordre-initiative-2

Les Grands Dieux du Vodou Haïtien.
www.jstor.org/satble/24601899

Le vaudou haïtien: Origine et Croyances.
www.radio-ife-fm-mozello.com.blog/param/post/3962561, 4 avril, 2013

Les Grades Maçonniques.
www.gluf.org/la-franc-maconnerie/un-ordre-initiative-2

Les Sociétés Cabales.
https://www.jdcorse.fr. /JDC2-les-sociétés-cabales

Modified States of Consciousness (2014).
https://www.mental-waves.com/Les-états-modifiés-de-conscience-or-emc

Pandora Papers. BBC News.
https://www.bbc.com/news/world/58780465
Postel, J. (20 06). Dictionary of Psychiatry, Larousse, Paris, PUF

Religion en Haiti.
https://www.fr.wikipedia.org/wiki/Religion_en_Haiti

Théorie du Complot. Illuminati.
https://www..theorie-du-complot-com/blogs/Théories-du-complot/Illuminati/

Vodou.
https://www.net.french-definition-vodou

Vaudou haitien.
https://fr.wikipedia/wiki/vaudou-haitien

Vaudou:
L'origine des loas et les mystères cachés de l'occultisme.
www.haitian-truth.org/vaudou-lorigine-des-loas-et-les-mystères-cachés-de l'occultisme/Haiti Veve. Milo Rigaud & Rony Pierre. 610 Fifth Avenue, New York, NY, USA

Vérités sur les zombis.
www.potomitan.info
www.fr.wikipedia.org.wiki/religion_en-Haïti
www.gluf.org.la-franc-maconnerie/un-ordre-initiatique-2

CURRICULUM VITAE

DU

DR. HARRY-HANS FRANÇOIS, PH. D., N. D., DHA, CNC., LMHC

Document Privé: veuillez le retourner à l'adresse ci-inclue, si trouvé, et je vous rembourserai les frais d'affranchissement pour le service rendu.

DR. HARRY-HANS FRANÇOIS, PH.D., N.D., DHA., CNC., LMHC

Florida License #: 0004515
MSPP License: # MS-PBS-000007

77, Rue A. St Fleur Guérin, Haïti (W.I)
E-mail: *drfrancoispsychoeducation@yahoo.com*
Albertfrancois533@yahoo.com
Téléphone: (509) 46478585 / (509) 36907679

OBJECTIF

Un poste de leadership en administration ou consultation où je pourrai mettre en application mes expériences en éducation, gestion publique ou privée, évaluation, et psycho-sociologie au service de mon employeur et de ma clientèle.

ÉDUCATION

2013	Docteur en Administration Sanitaire(DAS) Avec une spécialisation en Sante communautaire Université Joseph Lafortune Delmas, Haïti
2002	Docteur en Médecine Naturopathique (N.D.) avec une spécialisation en Phytothérapie, Physiothérapie Orientale et Nutrition. Clayton College of Natural Health Birmingham, Alabama-USA
1994	Docteur Es-Lettres (Ph.D.) avec une spécialisation en Psychologie du Mariage et de la Famille Evangelical Theological Seminary Dixon, Missouri-USA
1993	Maîtrise en Conseil Scolaire avec une spécialisation en science de Psychologie de Famille et du Curriculum (primaire, secondaire, universitaire) St. Thomas University Miami, Florida-USA
1991	Licence en Études Universitaires avec une spécialisation en Évaluation Générique et Conseil Psychologique Barry University Miami, Florida-USA Thèse de sortie (niveau doctoral)

Effective Counseling despite Cultural Differences: a theoretical approach to marriage & family counseling (L'art de conseiller objectivement en dépit des différences culturelles: une approche théorique aux problèmes du mariage et de la famille).

EXPÉRIENCES PROFESSIONNELLES

Ecrivain/Auteur: 1. Dissertations on the Most common Psychobiological Pathologies (Mars 2020, Xlibris Publishing Company

2. PhytoNaturo-Blended Management of Organs 's Malfunctions and/or (Xulon Press, Dec. 2018, USA)

3. Psychosocially - Integrated Dynamics: Multicultural Approach of Evaluation & Therapy (Xulon Press, Dec.2018, USA)

Janvier 2004 – present	Université Polytechnique d'Haïti (UPOH) Tabarre, Haïti Recteur/Directeur de Recherche
Juillet 2016 – février 2017	Farges Communication Consulting Inc. (FACC) Montréal Nord, Canada Directeur des Relations Publiques & Internationales
Janvier 2012 – janvier 2015	Université Joseph Lafortune (UJLF) Delmas, Haïti Faculté de Médecine & des Sciences Infirmières Vice-recteur/Professeur de psycho. & de nutrition
Aout 2007 – 2008	Université Episcopale d'Haïti Leogane, Haïti Faculté des Sciences Infirmières de Leogane Professeur en administration Publique
Mai 1999 – juillet 2002	Family Consultation & Wellness Center, Inc. Miramar, Florida (USA) CEO/Psychothérapeute/Consultant Supervision d'un staff de 30 cliniciens
Janvier 1998 – Mai 1999	Compass Health Systems, PA North Miami, Florida (USA) Psychothérapeute/Conseiller de Santé Mentale Évaluation Psychosociale & Psychologique des Malades (Individuelle, Famille, Adolescents, et des Couples;

	Sessions de Thérapie délivrée aux clients.
Janvier 1997—Janvier 1998	Associates for Human Development, PA. Pembrokes Pines, Florida, (USA) Psychothérapeute/Conseiller de Santé Mentale Supervision d'un staff de 6 professionnels Évaluation Psychosociale & Psychologique des Malades (Individuelle, Famille, Adolescents, et des Couples); Sessions de thérapie délivrée aux clients.
Septembre1997- Novembre 2001	Union Institute Cincinnati, Ohio (USA) Professeur Adjoint Consultation & Coordination des Projets de Recherche au niveau du doctorat. Membre du Comité de Thèse.
1987—Juin 2003	Dade County Public Schools Miami-Dade, Florida (USA) Conseiller de Guide et Curriculum/Consultant Supervision d'un staff de 10 instructeurs et de 2 travailleurs sociaux ; Guider, Assister dans le processus d'évaluation, Intervenir dans les crises de famille, Participer in Child Study Team et Coordonner des projets spéciaux.
Mai 1993—Décembre 1995	Bayview Center (ci-devant North Miami Mental Health Center) North Miami, Florida (USA) Psychothérapeute/Consultant Évaluation Psychosociale & Psychologique (Individuelle, Famille, Adolescents, et des Couples); Sessions de Thérapie délivrée aux clients.

Novembre 92–février 93　　　Miami Mental Health
Conseiller en Santé Mentale/Leader d'Équipe
Évaluation et Gérer les besoins des individus et des familles affectées par le Hurricane Andrew; Fournir de l'aide matérielle et des conseils psychologiques; Superviser un staff de 72 techniciens en santé mentale en collaboration du Département de Santé de la Floride (HRS)

Juillet 1989- Octobre 1992　　　Salvation Army
Project Coordinator/Conseiller
Supervision d'un staff de 25 professionnels! Gérer, Évaluer les besoins des clients; Enseigner des rites de famille aux clients; Garder et Protéger les dossiers des clients du centre et finalement Consultater avec des autres agences communautaires.

MEMBERSHIP

- Diplomate du Collège Américain des Conseillers en Clinique Forensique (ACFC)
- Membre Professionnel de l'Association Américaine des Consultants en Nutrition (AANC)

CERTIFICATION

- Licence de Conseiller en Santé Mentale (Floride), inactif statut
- Ancien Conseiller Certifié en Conseil et Guide Scolaire (Floride)
- Consultant Certifié en Nutrition by AANC (Indiana, USA)
- Diplomate Certifié en Conseil Forensique by ACFC.